パーフェクトレッスンブック

弓道
基本と上達法

PERFECT LESSON BOOK

監修 **福呂 淳**（立命館大学体育会弓道部監督／教士六段）
共同監修 **加瀬洋光**（元法政大学体育会弓道部監督）

実業之日本社

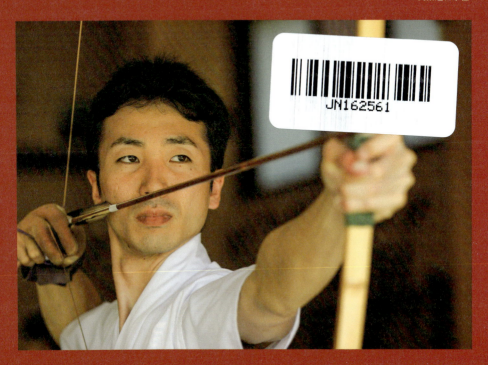

はじめに

　本書は、中学生、高校生、大学生などの学校弓道の初心者、これから指導者になられる先生向けに、弓道の基本をわかりやすく説明することを目指して執筆しました。

　弓道を始めるきっかけは、親から、教師から、地域の方から、友人から、先輩からすすめられて、テレビや新聞雑誌・弓道の図書を見てなどさまざまです。初めのうちは、的に中てることに面白さを感じます。あるいは袴姿や独特の所作などに魅力を感じる人もいます。そして稽古を重ねるうちに、弓道の奥深さを経験することになります。もっと知りたい、もっと優雅でありたい、もっと試合で中ててみたい、と考えるようになるでしょう。詳しくは後述しますが、弓道は「正射必中」がひとつの目標です。適切な指導者につき、弓道教本や解説書などを読み学習し、

合理的な引き方をひとつでも多く稽古で習得することが必要です。そのため、本書においては射技のモデルについてもこだわり、立命館大学出身の新進気鋭の若手弓道家、吉田志錬士五段にお願いしました。吉田さんは2014年7月にフランス・パリで開催された世界大会に出場し、日本チームの優勝に貢献された方です。また、猿腕での射法の注意点については、元法政大学体育会弓道部監督で、現在は実業家であり弓道研究家の加瀬洋光さんの御協力をいただき、丁寧な解説を加えてもらいました。

弓道は奥深く、唯一絶対の指導法は存在しません。本書をご覧になり、自身の弓道へのアプローチを開拓されてはいかがでしょう。皆さんのご健闘をお祈りいたします。

福呂 淳

目次

2 はじめに

第1章 弓道を学ぶ前に知っておきたいこと

- 9
- 10 弓道の魅力
- 11 弓道の普及
- 12 弓道の目標は正射必中
- 13 人を敬う心を育てる
- 14 マナーやルールを遵守する

第2章 射法八節

- 15
- 16 射法八節の一連の流れを見る①〜③
- 22 足踏み①　礼射系・一足
- 24 足踏み②　武射系・二足
- 26 胴造り
- 28 弓構え・取懸け
- 30 弓構え・手の内
- 32 弓構え・物見を定める
- 34 打起し
- 36 引分け（正面打起し）
- 38 会①
- 40 会②　的の狙い
- 42 離れ

44	残心（身）
46	射位から本座に戻る時の足の閉じ方
48	四つ矢のさばき（座射・立射）
50	**column**　練習と稽古

51　第3章　基本・体配

52	基本姿勢①	立ち姿勢・椅子姿勢
54	基本姿勢②	正座・跪坐
56	基本姿勢③	跪坐からの立ち方
58	基本姿勢④	跪坐への座り方
60	基本姿勢⑤	座礼
62	基本姿勢⑥	立礼・揖
64	執弓の姿勢	
66	体配／座射（礼射系）	

81　第4章　射癖の矯正

82	足踏み①	足幅
84	足踏み②	足踏みの角度・両親指先のライン
86	胴造り	腰の捻れ・出尻鳩胸
88	弓構え	弓懐
90	弓構え／取懸け①	取懸けの位置・弽の親指の向き
92	弓構え／取懸け②	人差し指の位置・親指の向き

目次

94	弓構え／取懸け③	指先の形
96	弓構え／手の内①	人差し指の使い方
98	弓構え／手の内②	爪揃え・弓の押し方
100	弓構え／手の内③	入り具合・握りの位置
102	弓構え／物見	
104	打起し①	矢の向き
106	打起し②	弓・両腕の位置
108	引分け①	こぶしの高さ
110	引分け②	矢の向き・右こぶしの位置
112	会①	頬付けの位置・帽子の向き
114	会②	胴造り
116	会③	手の内
118	会④	肩の状態
120	会⑤	狙い
122	離れ・残心（身）①	理想的な右こぶしの帽子の形
124	離れ・残心（身）②	弓手・馬手が前後に残る
126	早気の矯正	
127	あがりの矯正	
128	猿腕の矯正①	症状
130	猿腕の矯正②	矯正方法
132	column	稽古

133	第5章	トレーニング
134	練習方法①	徒手
136	練習方法②	素引き
138	練習方法③	ゴム弓
140	練習方法④	巻藁①
142	練習方法⑤	巻藁②／注意すること
144	練習方法⑥	行射
146	練習方法⑦	直立姿勢・片足立ちで引く
148	ストレッチ①	手首・二の腕
150	ストレッチ②	肩・肩甲骨周り
152	ストレッチ③	胸・上半身・首（左右）
154	ストレッチ④	首（前後・回す）
156	column	明確な目標（ビジョン）設定がクラブを変える！

157	第6章	弓具の基礎知識
158	弓道に必要な道具とは	
160	弓①	各部の名称・素材・形状・弦通り
162	弓②	選び方・弓を張る方法・メンテナンス
164	弓③	出木弓の対処方法・弦輪の作り方
166	弓④	把の高さ・中仕掛け
168	矢①	各部の名称・種類・甲矢と乙矢
170	矢②	長さの決め方・メンテナンス

目次

- 172　鰈① 各部の名称・種類
- 174　鰈② さし方
- 176　鰈③ 調整方法
- 177　弓具の保管・持ち運び
- 178　column　こんなクラブは強くなる

179　第7章　稽古と試合の心構え

- 180　試合結果より、いかに努力したかが重要
- 181　「心の安定」「射技の安定」「的中の安定」
- 182　上達への近道は稽古に工夫を加えること
- 183　自ら考える癖をつける
- 184　試合をイメージして稽古する
- 185　行射ノートを利用する
- 186　ダイエットに注意
- 187　試合前日に行なうこと　試合をシミュレーションする
- 188　試合当日に行なうこと①　「あがり」と「緊張」を区別する
- 189　試合当日に行なうこと②　試合における「あがり」の克服
- 190　試合当日に行なうこと③　こまめにエネルギー・水分補給
- 191　試合当日に行なうこと④　試合での心得

- 192　弓道用語解説
- 196　おわりに
- 198　監修者&モデル紹介

第1章

弓道を学ぶ前に知っておきたいこと

弓道の魅力

　弓道は、千年を超えるといわれる歴史をもつ日本の伝統武道です。武家の時代に諸流に分かれ、各々その射術や奥義を発展させてきました。

　戦国時代前半期には武器としての隆盛を極めましたが、鉄砲が伝来し、産業革命の波が押し寄せると、武器としての弓術の時代は次第にその役割を終えることになり、武士を中心とする武道としての心得、たしなみとして、礼節の浸透とともに新たな役割を得ることとなりました。

　しかし、明治以降、近代になり、武士階級の解体や新しいスポーツの導入とともに衰えをみせますが、各教育機関などにおいて、弓道のもつ体育的な効果や礼節の修得などへの価値に対する評価が再び高まります。さらに大日本武徳会の設立、諸流派の統一の試み、戦後のGHQの指令による文部省の武道を禁止する通達などによる武道そのものの衰退、そして全日本弓道連盟の創設など、その時代の流れにより大きな影響を受け、現在の国民的な弓道として新しい形で広く普及していくこととなりました。

　現代における弓道の魅力は、①自分との戦いが主なテーマであり、成果や結果は相手の影響を直接的に受けることなく自分から導き出されること、②射的の側面だけでなく、実によく考えられた体育的な効果や豊かな精神を涵養（かんよう）する日本の伝統武道であること、③その所作が外形的にも大変美しいこと、④それらを学ぶことで膨大な過去からの素晴らしい知的文化資産を引き継ぐことになること、⑤結果として礼節の意義を理解し、その優雅さや美しさを自身に備え、より健康で文化的な日常生活を送る上での基礎となること、などが挙げられます。

弓道の普及

　現在、日本国内における弓道人口は、14万1千人を超えます（全日本弓道連盟「平成27年度地連別登録人口一覧」より）。国外の普及はまだまだですが、同じ統計では、2千5百人程度となっています。弓道人口の特徴は、その多数が日本国内にとどまっているということに加え、年代別では高等学校における競技人口が大変多いということにあります。

　全日本高等学校体育連盟によると、平成27年の競技人口は約6万6千人となっており、これは、剣道の1.4倍、柔道の3.0倍、空手道の6.6倍、アーチェリーの13.7倍などとなっており、高等学校における課外活動としての弓道は、卓球（約6万9千人）に迫るメジャーな競技であることがわかります。

　ただ、一般を含める競技人口では、アーチェリーの10倍以上を数えるものの、平成26年における剣道177万人（全日本剣道連盟）、柔道16万人（全日本柔道連盟）の登録数に比較すると弓道はまだまだ及びません。この素晴らしい伝統武道がより多くの人に理解され受け入れられるよう、施設設備の拡充も含めた普及のために関係者が行なわなければならないことは多く、急いで解決しなければならない課題です。

　また、個人のライフスタイルの変化の影響を受けにくくするために、活動中・休止中を問わず全日本弓道連盟への登録方法を簡素化する、あるいは登録すれば脱退の申し出がない限り登録を保持し、より気軽に加わり続ける環境を整えることなども、弓道人口を広げる工夫のひとつになるでしょう。

弓道の目標は正射必中

　弓道の目標は、よく「正射必中」という言葉で表されます。「正しい射は必ず中る」という考え方です。

　一口に正しい射を行なうといっても簡単なことではありません。広義には①「射法八節」の実践、②基本姿勢を含む作法や礼法、そして③審査や試合、会場などで定められたルールを遵守する、ということまで含まれると考えるべきです。

　正しい射は、弓道の長い歴史の中で現代に受け継がれた「射法八節」を中心とする射法を実践することで実現します。その上で中りが出れば「正射必中」に近づくことができます。

　一方、弓を引くということは物理的な運動である以上、我流のアプローチでも的に当たることがあります。むしろ、初心のうちは正射を学ぶ成長過程にあるので、当たるポイントは我流にあるといっても過言ではありません。また往々にして、その中から高的中も生み出されるためやっかいなのです。しかし、仮に高的中が続いたとしても、常に正射に近づけることを意識して、自身の射の改善を図る必要があります。弓道では的に当たればそれでよいという考え方はありません。我流によらず正しい射を積み重ねての中りが良いとされます。よくかかる病気といわれる早気も我流といえます。

　正射は弓道の長い歴史で培った共通言語のようなもの。できる限り共通言語に近づけて、たとえ不調に陥ったとしても、自分自身の検証作業で容易に弱点がわかる、指導者やチームメイトから正射の観点からの改善点を指摘されても素直に受け入れられる状態にしておく、ということが自身の責任であると胆に銘じておきましょう。

人を敬う心を育てる

弓道は自分との戦いが主要なテーマです。指導者やチームメイトに教わり、自身で学習し、苦楽をともにしながら稽古を重ねます。また、試合においては、試合相手がおり、準備をする人や運営にあたる人などがおり、それらの人たちにより、自身の日々の稽古・修練の成果を発表できる機会が与えられます。自身の努力とともに、多くの人の支えがあって現在の環境があり舞台があるのです。他者を敬い感謝する心をもち、常に行動に示さなくてはいけません。

特に弓道は、武道の中でも礼節を大切にします。それゆえ、とりわけ美しい所作と優雅さを備えているといえます。試合に勝った時も負けた時も、相手や監督・チームメイト・保護者をはじめとする応援者はもちろん、観衆を含めた運営に関わる人たちに感謝の気持ちが伝わるように、立ち居振る舞いについては細心の注意を払い、丁寧に執り行なうようにしましょう。

日ごろの稽古の成果を出すために、真摯に試合に向き合うことは大切。しかし、それだけでは不十分です。試合の勝ち負けの結果、感情のおもむくままガッツポーズをしたり、笑ったり、泣いたり、奇抜・不規則な動作をしてみせたりということでは、他者の気持ちなどどうでもいい＝他者を軽んじていることに直結し、礼節の武道である弓道の目指す目標からかけ離れてしまいます。

いついかなる場所においても、人を敬う心をもち、行なっている本人も、他者からも、立ち居振る舞いが優雅であり美しいと感じられることを個人としてまたチームとしての目標にしましょう。

マナーやルールを遵守する

　油断していると見落とされがちなのですが、弓矢の根本の性格は戦場における兵器であるということです。先達の長い歴史的な努力によって、「弓道」に昇華させ、弓矢を善用し日本の伝統文化を理解し、健康で文化的な生活を送るためには必要なものであると、広く知られるようになりました。それゆえに、弓矢を用いる人の取組み姿勢や心構えが、とても重要なのです。

　弓道を行なう上でのマナーやルールは、どの組織やチーム、道場でも存在しますが、個人の姿勢として、それらを徹底的に理解して遵守する姿勢がなければ、危険防止のための行動がとれず深刻な事故が起こる可能性が高くなります。

　例えば、射位にいる人や巻藁前で弓を引いている人の動作を確認し決して矢の方向に入らない、安土での矢取りの時には必ず声を出すなどして射場側の了解を得てから入る、弓や矢を持って走らない、土で汚れた矢は丁寧にふき取る、などの直接的な工夫はもちろんのこと、日常の挨拶、報告・連絡・相談の実践、道場の清掃、弓具の適切な管理、安土の整備、矢道の草刈り、稽古や試合における学習→実践→反省・教訓化の反復、人を敬う心をもつことなど、どれをとっても重要なことばかりです。どれかひとつでもおろそかにし、油断するようなことがあれば、やがてその気の緩みはリスクとなり、弓道の根本の性格がもつ危険性に及ぶこととなります。

　弓道を学ぶにあたり、マナーやルールを遵守することは、かけがえのない人の命にかかわることとして受けとめ、常に緊張感をもって臨むことを約束してください。

第2章

射法八節

射法八節の一連の流れを見る①

　足踏みから残心（身）までの行射の流れを射法八節といいます。ひとつひとつの動作は独立しているのではなく、流れとして捉えることが大切です。

　弓道では、基本となる縦横十文字（身体の軸の縦線と、両肩、両腰、両足の横線が十文字になる）を最も重視し、さらに射の運行に伴って五重十文字（縦横十文字＋弓と矢、弽の親指と弦）を構成し、これが総合的に働くことを射の基本としています。

　射法八節は、この基本体型を作り上げる方法を説明するもので、射法八節で定められた姿で弓を引くと、最小の力使いで最大の効果が得られるのです。

1回で踏み定める。

甲矢を左手の人差し指で取る。

甲矢の筈（はず）を持ち、一度に矢を送る。

第2章
射法八節

立射による
矢番え

左手で弓を起こし、握りの部分に右手を移動させ、弓と矢を十文字にする。

矢の羽を見て、甲矢（はや）と乙矢（おとや）を見分ける。

矢を番（つが）える。

乙矢の筈を的方向に向け（甲矢と平行）、左手の小指と薬指の間に挟む。

射法八節の一連の流れを見る②

弓の本弭（もとはず）を左足の膝頭に乗せ、右手を腰にとる。

乙矢を右手の小指と薬指で矢尻を隠すようにして取る。

物見（ものみ）を戻す。

取懸け（とりかけ）を行なう。

第2章
射法八節

右手を腰に戻す。

弦調べ（つるしらべ）、矢調べ（やしらべ）をする。

弓構え・手の内

弓構え・物見

手の内（てのうち）を整える。

物見（ものみ）をする。

射法八節の一連の流れを見る③

打起し 正面打起し

矢を水平に保ちゆっくり打ち起こす。

引分け 正面打起し

胴造りを崩さずに、左右均等な意識をもって慎重に引き分ける。

残心(身)

離れの姿勢を崩さず、両こぶしは肩の高さで静止させる。

弓倒し(ゆだおし)をする。

第2章
射法八節

胸弦(むなづる)、頬付けを行ない、自分の矢束(やつか)を引き、的付けを行ない、左右に伸び合う。

伸び合いの延長上に離す。

物見を正面に戻す。

足踏み①

　射法八節の中のひとつである「足踏み」は、弓を射る間、正しい姿勢を保つための、その基礎となる足の踏み方、足構えのことです。単に足を開く動作ではなく、的に対して正しい足踏みをしなければなりません。足底で大地を踏みしめ、下半身を安定させることで「胴造り」の基礎となります。右足を開く際は、あまり下を向かないで目尻で足元を見ます。首が折れて姿勢が崩れないように注意しましょう。足の開き方には礼射系（一足）と武射系（二足）の、ふたつの方法があります。

POINT
足幅は矢束（やつか）の長さ

POINT
親指の先端を結んだ延長線上が的の中心になるように開く

POINT
足を開く角度は60度

60度

第2章
射法八節

礼射系・一足
(れいしゃけい)

礼射系（正面打越し）は、①矢を目の高さとなるようにかかげ持ち、②顔を正面に向け的を見定め、③的を見たまま左足を半歩踏み開き、④的を見たまま右足を左足に一旦引きつけ、⑤右足を一足で扇形に開き、⑥物見を戻します。

足踏み②

武射系・二足

武射系（斜面打起しが多い）は、②③的を見たまま左足を半歩踏み開き、④次に目線を下に移して、⑤⑥右足を半歩踏み開きます。

矢番え

矢番えにはふたつの方法があります。矢の射付節（いつけぶし）を持つ場合と、矢の板付（いたつき）を隠す場合です。

矢の射付節を持った立射の場合（写真）は、①身体の中央で手を組むように右手を弓の外側に運び、②甲矢と乙矢を見分け、③甲矢を左手の人差し指と中指の間に挟み、④右手を矢に沿って返し、⑤⑥筈を持って一度に送ります。（板付を隠す場合は、矢の中程を持って送り、次に筈を持って送り込みます。）甲矢を番えたのちは、⑦乙矢は羽を的に向け、矢の走り羽を下にして、薬指と小指（一度で送った場合）、または中指と薬指（二度で送った場合）に打ち込みます。

第2章
射法八節

胴造り

　胴造りとは、足踏みで整った下半身の上に、上半身の姿勢を整え、身体全体の基本姿勢を整えることです。両足の上に背筋・頭をまっすぐに伸ばし、身体の重心を腰の中央に置き、心気を丹田（たんでん）に納めます。基本姿勢である「立った姿勢」を意識して、縦は天地に伸び、横は左右に自由に動ける、隙のない構えを作ることが重要です。胴造りの際、弦調べ、筈調べ（のしらべ）も行ないます。

POINT 三重十文字を意識する

POINT 丹田（たんでん）を意識する

POINT 右手は右腰の腰骨の上に置く

POINT 弓の本弭を左膝頭に置く

第2章
射法八節

三重十文字

三重十文字は行射を行なう際の基本体型となりとても重要です。足踏みの線に、腰の線、両肩の線を平行にして縦線の伸びと合わせることを意識します。この体勢は、この後の「会」や「残心（身）」まで崩さないことが大切です。

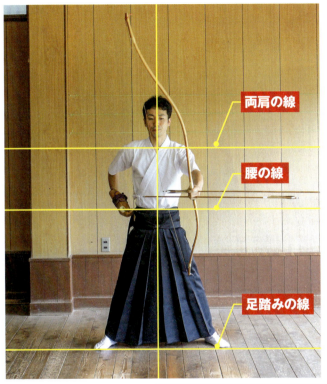

両肩の線
腰の線
足踏みの線

丹田
たんでん

丹田とは、気が集中する場所のことで、ヘソの下、身体の中に5cm入った所、腰の中央（身体の中心部）にあると言われています。

弦調べ・筈調べ
つるしらべ・のしらべ

弦調べ、筈調べとは、呼吸に合わせて、弦の位置、矢の方向を調べる動作のことです。呼吸を整えるため（落ち着くため）に行なうとても大切なものです。

弓構え・取懸け

　弓構えとは、右手を矢に添えて弦を持ち左手の握りを整える動作のことをいいます。弓構えには「取懸け」「手の内」「物見」の三つの動作が含まれています。呼吸を整え気力を充実して動作することが大切です。手首や肘は、柔らかな物を抱くような気持ちで弓矢を保ちましょう。

POINT
諜（ゆがけ）の親指と弦が直角

第2章
射法八節

親指が弦に対して直角

取懸けでは、五重十文字のうちのひとつである弽（ゆがけ）の親指と弦の角度を直角（十文字）にすることが大切です。この状態を会まで維持します。

取懸けの手順

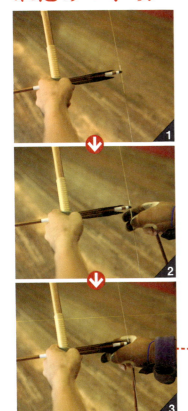

呼吸を整え、①右手を動かすのと同時に左手も中央にくるように（矢羽根が身体の中央に）動かし、②③弽の親指の弦枕（つるまくら）に弦をかけます。④わずかに右手を内側に捻り弦と弽の親指を十文字（弦に対して親指が直角）にします。
次に④⑤⑥左手の人差し指が矢の下になるように弓を握り直します。取懸けがしっかりできていないと、行射中に矢こぼれや、スムーズな離れが出ないことになります。正確な取懸けを覚えましょう。

弓構え・手の内

「手の内」とは弓の持ち方のことです。左手は正しく弓の握り皮の所を握り、手の内を定めます。ことに「手の内」は、弓の力をよく働かせ、矢の速度、貫徹力、飛翔力、集中力（的中する）に影響する大切な技法です。「手の内」の作り方をしっかりと覚えましょう。

POINT
天文筋（てんもんすじ）を弓の外竹（とだけ）の左角に当てる

第2章
射法八節

手の内の手順

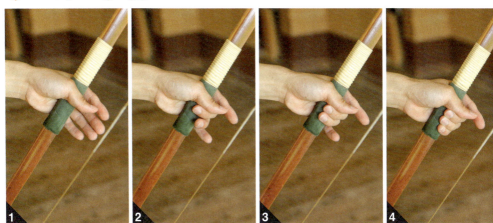

「手の内」を整える際、虎口(こぐち。親指と人差し指の間の部分)の皮、人差し指の皮を、下から巻き込むように整えるのがポイント。これは上押しをするためには非常に重要です。手の内の手順は、①親指と人差し指で弓を挟むようにし(握らない)、②中指、③薬指、④小指の順に弓に揃えます。中指と親指は絶対に離さないでください。

天文筋を外竹の角に当てる

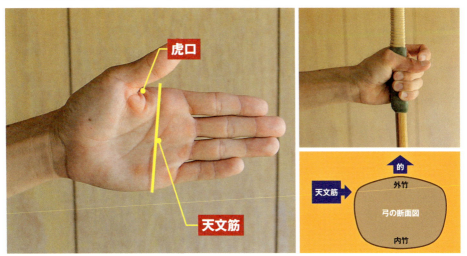

天文筋は指を曲げた時に掌にできる筋のことです。手の内を整える際は、天文筋が弓の外竹の左角に当たるようにすることが基本になります。この状態を、会、離れ、残心(身)まで崩さないことが重要です。

弓構え・物見を定める

　物見とは、顔を的に向けることです。取懸け、手の内を正しく行なった後、顔を的に向けて注視します。この際、矢に沿って視線を移し、板付から矢道を通って自然に的を見るようにします。両眼は自分の鼻筋を通し、28m先、直径36cmの的の中心を静かに見据えて呼吸を整えます（近的競技の場合）。

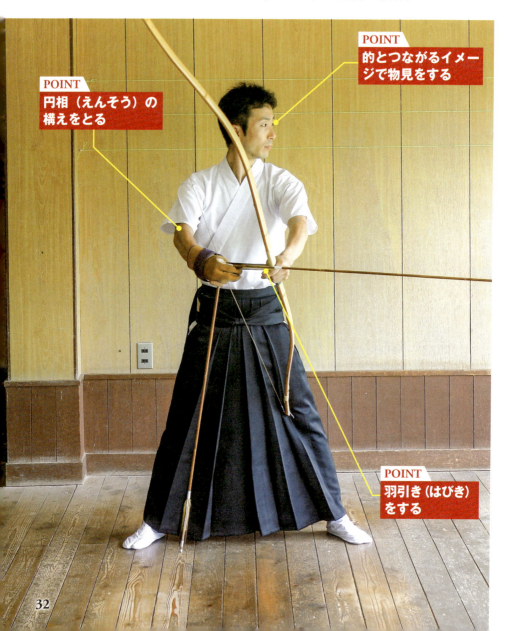

POINT 円相（えんそう）の構えをとる

POINT 的とつながるイメージで物見をする

POINT 羽引き（はびき）をする

第2章
射法八節

円相の構えをとる
円相とは、禅宗の悟りを開いた心を表す円のことです。両腕で大きな木を抱くようにゆったりと構えます。

羽引きをする
羽引きとは、少し弓を引くことをいい、これにより矢の飛ぶ方向性を決めます。両肘を張るようにして両手を2～3cm押し開きます。羽引きをすることで、筈（はず）こぼれを防ぐことができます。矢の本矧（もとはぎ）を弓の藤頭（とがしら）の位置まで引き、それ以上引かないようにします。

的とつながるイメージで物見をする

物見をする際は、急いで無理に顔を的に向けないこと。遠くのほうから人に呼ばれてゆっくりと自然に顔を向けるような感じで、的方向に顔を向けます。顔を強く向け過ぎると、左肩が動いて三重十文字が崩れることがあるので注意しましょう。

打起し
うちおこし

　打起しは、弓を引き分ける前に弓矢を持った左右の両こぶしを上げる動作です。精神身体はともにゆったりと伸び伸びした気持ちで、呼吸を整えて「胴造り」が崩れないように注意します。また、こぶしに無用な力を入れず、両肩が下に沈むようにしましょう。吸う呼吸に合わせて静かに両こぶしを上げます。

POINT 高くて遠い所をイメージしてこぶしを上げる

POINT 両こぶしに無用な力を入れない

POINT 手の内を崩さない

POINT 胴造りが崩れないように注意

第2章
射法八節

45度に打ち起す

打ち起す際は、物見で的の中心を見定めたまま、弓矢を持った両こぶしを遠くて高い所に移すイメージをして打起します。近くて高い所をイメージすると、両肩が身体の後ろに行ってしまうので、引き分け、会の段階で、弓の強さに負けてしまいます。

手の内を崩さない

両こぶしを上げた際に、弓構えで整えた手の内が崩れないように、左手首の角度に注意しましょう。親指と中指で作った輪を回す気持ち(手首を使う)をもつのがポイントです。

左手首の角度

親指と中指で輪を作る

引分け（正面打起し）

「引分け」とは、打起した弓を左右均等に引き分ける動作のことです。「引分け」の善し悪しは「会」「離れ」に大きく影響するので、丁寧に行なう必要があります。「打起し」のあと、弓の位置を左方へ移行し、左腕（手）で弓を押し、左こぶしは的の右上に置いて左肘の上の際付近に的が位置するようにします（40ページ）。右手は肘の高さを変えることなく額の前あたりに右こぶしを、こぶしひとつ分程度の間隔を保ちながら引きつけ、矢束の三分の一程度を引き、この大三（だいさん）の構えで一旦静止します。

動作は腰を中心に行ない、呼吸に合わせて、ゆったりと、静かに、遅れることなく、左右均等に引き分けます。両手先だけで引分けるのではなく、体で引くことが大切です。左右のバランスの良い引分けは、弓矢と体の十文字が正しくでき、弓と体が一体となります。

POINT
① 左右のこぶしの平衡を保つ
② 手先、親指に力を入れず、その感覚に頼らない大きな引き分け＝腕（二の腕）の働きを重視した引き分けを意識する
③ 水を注いだ器を矢の上に置いていることをイメージし、器の水をこぼさないようにゆっくり丁寧に引き分ける
④ 的から目をそらさない
⑤ 遠く離れた的を狙うのではなく的を自分に引きつける感覚で臨む
⑥ 的の中心を狙う

POINT
矢束の三分の一程度を引く（大三）

第2章
射法八節

額から
こぶしひとつ分

大三の構えでは、右こぶしを額からこぶしひとつ分離すのがひとつの目安。

弽（ゆがけ）の甲が上を向くように二の腕全体で捻る

引分ける際、弽の甲が上を向くように二の腕全体で捻りを加えます。手先だけで捻ると矢こぼれが発生します。

弓手肘（ゆんで）（左肘）の向き

大三での肘は、捻りすぎず、照りすぎず、円相で構えた肘の状態をそのまま大三に移行させます（二の腕の3本の筋肉が使えるから）。左肘は突っ張らないようにし、少し余裕をもたせます。両肩が上がらないように注意しましょう。

会 ①

　「会」とは、自分の矢束（やつか）を引き、狙い、胸弦（むなづる）、頬付けが行なわれた状態をいいます。今までの諸段階は、この「会」に到達するために行なってきたもので、心・身・弓が一体となり、気迫をたたえ、天地左右に伸び合い、発射の機を熟させる、まさに弓射の極地です。これは「引分け」の完結形ではなく、無限に引分けている状態といえます（力の流れ、気力の流れを妨げることなく天地左右に伸びる）。

　「会」は「詰合い（つめあい）」と「伸合い（のびあい）」で構成されます。「詰合い」は、縦横十文字の基本体型を崩さずに、矢束一杯に引くことです。「伸合い」は矢束を引き伸ばすことではなく、気力の充実をもたらし離れに必要な気合いの発動の力になります。目使いは場の掌握であり、自己の心を見つめる呼吸や姿勢に大きな影響をもっています。狙いは左の目尻、右の目頭を用い、左こぶしと弓の左側、的の中心を見通し定めます。

POINT
肘の位置が高い人、体の中心より前にある人・後ろにある人は、不安定なバランスのため、必要以上に力を使ってしまうので注意しましょう。

POINT
「会」での手の内は直角（十文字）に受けるだけで、力を加えるのは肩から手首まで。肩、肘、手首のそれぞれの関節全体で押す（開く）ことがポイントです。手の内の親指、手首を振って手先の動きにならないように注意しましょう。

第2章
射法八節

五重十文字を意識

「会」では、射の基本形として定められる5ヶ所の十文字「五重十文字」を意識することが大切です。それぞれが、ほぼ直角に十文字の形態をなしている必要があります。
①弓と矢の十文字／胴造り時（矢番え）
②楪の親指と弦／胴造り時（取懸け）
③弓と押手の手の内／胴造り時（手の内を定める時）
④胸の中節と両肩の線（縦横十文字）／引分けの時
⑤首筋と矢（会の十文字）／会の時

80％の力で引く

「会」での力の使い方は、8分目（80％）を目安に引分けます。強い力で引けばいいというものではなく、十分（100％）、十二分（120％）の力を使うと余計な力が入り射形を崩すもとにもなりかねません。5分（5％）以上「離れ」の力を残しておくのが理想です。

胸弦と頬付けを一定に

「会」の小さな人は、中り重視の人が多い。楽して手先の離れで中てようという思いが強いからです。大きく引く場合は、自己の矢束を引く、頬付けは鼻と口の間の一定の場所（無理に口割まで下げなくてもよい）、胸弦は一定の場所にします。これらは天地左右に伸び合うために必要です。

会② 的の狙い

大三から会にかけての狙いの定め方(イメージ)

狙いは、28m先の的を自分に引きつける感覚で定めます。右目を主眼とした場合の的への狙いの定め方は、的は大三の際には左肘の上の際付近にあり、そこから引き分けの過程において前腕の外側の縁沿いに転がすように移動させ（実際には左腕の位置が下がっている）、引き分け終盤の鼻つけあたりで左こぶしに接したのち、会では弓を握る左こぶしの上方、弓の藤頭（とがしら）あたりの左外側に左半分が見える（半月）要領が良いとされています。ただし弓の状態や骨格などの関係もあるので、会での的の見え方が満月や闇の場合もあります。

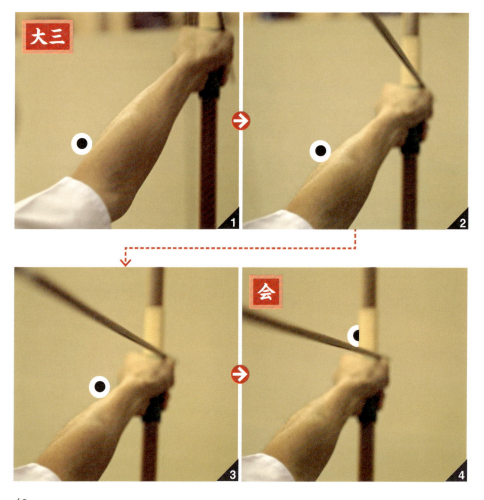

第2章
射法八節

的の見え方（イメージ）

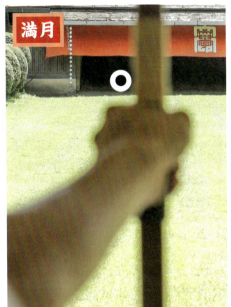

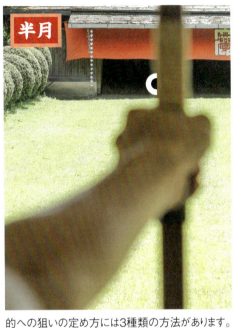

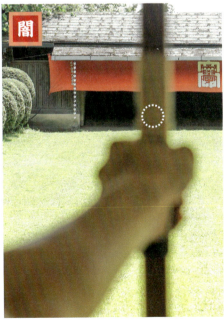

的への狙いの定め方には3種類の方法があります。「満月」「半月」「闇」です。「満月」は弓の左側に的が全部見える状態のこと、「半月」は的が半分見える状態のこと、「闇」は弓の中に的が隠れている状態のことです（的は透けて見える）。左ページで半月が良いと書いていますが、個人差があるので必ずしも正しい狙いが半月に見えるわけではありません。指導者に見てもらい、正しい狙いをしている時の見え方が、その人の見え方になります。

主眼の確認

右目が主眼であるかどうかは、①まず道場内にて両目で目標となる安土側の的などを見定め、②人差し指でその的を隠し、③次に左目を閉じて右目だけ開け、的が隠れていれば右目が主眼だと確認できます。そうでない場合は左目が主眼ということになり、指導者の教えを受け、右目が主眼となるよう置き換え作業を行なうことになります。

離れ

　「離れ」とは、矢を放つ瞬間のことです。「離れ」は単独で存在するのではなく、あくまでも「会」の延長です。それはつまり「足踏み」から「会」までの総決算が「離れ」に集約されるのです。それには、「引分け」の気・力の流れを失わない「会」であること、力の流れ、気力の流れ（伸び合い）があること、左肩を強く張って開き、それに合わせて弽（右手）は矢を引いている流れを失わないことが大切です。そして、気合いの発動（思い切り）で離れるのが理想です。第三者が見て、不自然でなく自然に離れていくように見えるのが良い「離れ」となります。

POINT
伸合いを十分に行ない、矢筋に向かって弓手を押す

POINT
矢筋を意識し、伸合いの延長線上に離す

第2章
射法八節

余計な力を入れない

右手で無理矢理離すのは、力のバランスが悪い時、心の安定が失われた時、焦ってしまった時などです。力任せに力強く離すのではなく、「思いを切る」、心を定め、気合いを発動するということが理想的な「離れ」につながります。

残心（身）

　「残心（身）」は、離れの後の姿勢のことです。形を表す場合は「残身」、精神を表す場合は「残心」といいます。
　「残心（身）」は、「会」「離れ」の結果、連続して生まれるものです。「離れ」の後の、気合いのこもった精神（残心）・体（残身）は、縦横十文字の基本姿勢を崩さず、天地左右に伸長し、目は矢所を注視する必要があります。正しい手順で「離れ」ができれば、理想的な残心（身）がとれます。体操の選手の演技を見ていて、着地がピタッと決まれば感動するように、弓の「残心（身）」も同じです。最低でも2〜3秒は、しっかり「残心（身）」の姿を保ちましょう。「残身似開花（残心は開花に似たり）」です。

POINT 両こぶしは肩の高さに

POINT 矢所を見定める

POINT 三重十文字を崩さない

第2章
射法八節

平常心を保つ

「残心（身）」では、的中の良し悪しを、表情や行動に表さないことが大事。落ち着いて次の行射に備えましょう。

執弓（とりゆみ）の姿勢に戻る

足踏みを戻す際は、動作を呼吸に合わせて行なうことが大切です。①残心（身）から、②弓倒しを行ない、③物見を静かに返し、④右足を半歩閉じ、⑤左足を右足に添えるように閉じ足を行ないます。③では吸う息で静かに顔を返しましょう。的中しなかった時に、残心（身）がなく、早く返したり、下を見ながら返すことは、恥ずかしいことです。足踏みを戻す（閉じ足）時は、膝を曲げないようにして、気合いを込めて行ないます。

射位から本座に戻る時の足の閉じ方

　行射後、本座に戻るときの足の閉じ方には礼射系と武射系の二種類あります。どちらも身体の向きを一度、的方向に変えますが、礼射系は一足で、武射系が二足で行なうのが特徴です。

足踏みを一足で踏み開いた場合は、①弓倒しを行ない、②③的正面に向かいつつ、④⑤左足を右足に引き揃えます。

足踏みを二足で踏み開いた場合は、①弓倒しを行ない、②右足を半歩寄せて、③的正面に向かいつつ、④⑤左足を右足に引き揃えます。

第2章
射法八節

四つ矢のさばき（座射・立射）

「四つ矢のさばき」というのは、試合で4本の矢（四つ矢）を使う場合の手順です。ここでは、座射と立射の両方を紹介しましょう。

①弓の末弭（うらはず）を床につけ、四つ矢を体の前方に置き、②そのうち一手（2本）の筈を持ちます。③筈を持ったまま体の右脇に運び、④矢の射付節（いつけぶし）または板付を持ち、⑤右手こぶしを腰の近くに置き、⑥弓を体の中央に立て矢を番えます。

①弓の末弭を床につけ、四つ矢の板付を体の中央に置き、②一手（2本）の射付節または板付を持ち③右手こぶしを腰の近くに置きます。そして④弓を体の中央に立て矢を番えます。

第2章
射法八節

①弓の末弭を床につけ、四つ矢の板付を体の中央に置き、②一手（2本）の射付節または板付を持ち右手こぶしを腰の近くに置きます。③左手を少し緩め弦を下にして弓を起こします。そして左手で弓を起こすと同時に右手で矢を抱え込むようにして矢を番えます。

一手の矢を持つ時に膝を曲げない

練習と稽古

練習は、射形を定めることや数を引くこと、技術を高めるための知識を得ること、的中にこだわり正射を心がける技術などを得ることです。また、体力をつけることへの重要性を認識することも大切です。

「やろうと決心して約束した（寒）稽古なのだから、中途落伍のないようにと…。武道の稽古は一度決心したことはやり通すこと。寒稽古の10日間、その決意を押し通すことのできないようではならない。もし、落伍するようなことがあれば、意志の弱いものであろう。わずか10日間の実行だ！

その10日間の心への約束が実行できないようだったら、ものの役に立たない人間だと…」（寒稽古より）

思うに稽古は、技を練る、上達するということよりも、人間の意志を強く練るということが主眼になります。

・只々意気込み、道場の道を進む意気
・強い意志、覚悟、元気、熱意、希望、積道心、忍耐、我慢

これらがなければ稽古など続けられません。

日々の部活を通して、これらのことを育んでほしい、そのような稽古であってほしいと思います。

第3章
基本・体配

基本姿勢 ①

基本姿勢は、次の四つに大別されます。
1. 立った姿勢
2. 腰掛けた姿勢
3. 座った姿勢（正座）
4. 爪先立ちで腰を下ろした姿勢
   （跪坐、蹲踞）

これらは、行射とは直接には関係ありませんが、日頃から姿勢を正しくすることにより、行射でも正しい姿勢を自然にとることができるようになります。また、これらの基本姿勢を覚えることで、日本人として、また武道に携わる者としての美しい所作を身につけることができるのです。

立ち姿勢

正面
- POINT 手は少し前に
- POINT 足は平行に揃える

側面
- POINT 首・上体はまっすぐ伸ばす
- POINT 目線は約4m先
- POINT 重心は前寄りに

男性
- POINT 3cmあける

女性
- POINT 揃える

立ち姿勢は、自然体を保持することが大切です。男性は足を3cmの幅で平行に揃え、女性は足を揃えます。腰を据え上体を正しく保ち、うなじを真っすぐに伸ばし、両肩を落とし、口は軽く閉じ、胸を楽にして立ちます。重心は土踏まずのやや前に置き、両腕は自然に垂らし、指を開かず、手のひらは心もち窪みをもたせ、両腿のやや前方に置きます（気をつけの姿勢の手の位置ではない）。この時、両肩も前に出ますが、この姿勢で弓矢を執ることが大切です。目線は鼻頭を通して4m前に注ぎます。

第3章
基本・体配

椅子姿勢

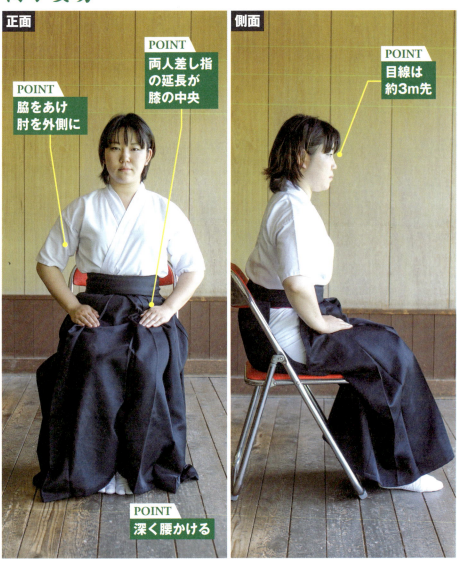

正面 / 側面

POINT 脇をあけ肘を外側に
POINT 両人差し指の延長が膝の中央
POINT 目線は約3m先
POINT 深く腰かける

なるべく深く腰をかけ、背もたれに背がつかないようにします。上体は立ち姿勢と同じで、足幅も同様にします。手は腿に置き、左右の両人差し指の延長が膝の中央になるようにします。目線は鼻頭を通して3m先に注ぎます。椅子に腰をかける時は下座の方から腰かけ、立つ時も下座のほうに出ます。

基本姿勢②

正座

正面

POINT 女性は両膝をつけ、男性はこぶしひとつ分あける

POINT 両手の指先を内側に向ける

側面

POINT 目線は約2m先

POINT 両足の親指を重ねる

正座は日本の伝統的な座り方です。最近では生活様式の変化で畳のない家が多くなり、正座をしたことがない人が増えています。正座は座り方の基本なので、正しい姿勢を覚えましょう。両足の親指を重ね、両膝頭の間は、男子はひとこぶしあけ、女子はなるべくつけます。上体は立つ姿勢と同じです。手は、腰かけた姿勢と同じ。口は軽く閉じ、目線は2m先に注ぎます。

第3章
基本・体配

跪坐（きざ）

側面

POINT 目線は約2m先

POINT 女性は両膝をつけ、男性はこぶしひとつ分あける

背面

POINT 爪先立ちになり両足の踵をつける

跪坐とは、爪先立って腰を下ろした姿勢をいいます。いつでも次の動作に移すことのできる構えで、物を持った時は、主たる物を持っているほうの膝を生かします（浮かせる）。蹲踞は、跪坐の姿勢から両膝を浮かせた状態で腰を下ろした姿勢のことです。両膝の間隔はこぶしふたつ分が基準になります。

基本姿勢③

跪坐からの立ち方

POINT 首・上体は、真っすぐ伸ばしたまま

跪坐から立つ場合は、呼吸に合わせることが大切です。①②息を吸いながら腰を切り（腰を伸ばし）、③④一方の足（下座側の足）から立ちます。正座から立つ場合は、腰を切りながら、一旦爪先を立ててから立ちます。

第3章
基本・体配

基本姿勢④

跪坐(きざ)への座り方

POINT 足を半分後ろに引く

①立ち姿勢から、②息を吸いながら足を半歩後ろに引き、息を吐きます。③胴造りを保ちつつ、息を吸いながら腰を沈めます。④引いた足の膝から床につけ腰を定めます。膝を床につけた時、片方ずつ足首を伸ばすと正座になります。

悪い例 ✕ 足を後ろに引き過ぎる

第3章
基本・体配

足を後ろに引き過ぎたり、上体が前に傾くと、体の重心が不安定になり、ぎこちない動作になります。体の重心を一定に保つことは美しい所作の基本です。

基本姿勢⑤

座礼

「心を正しく身を修むるは礼の本なり」といわれているように、心のこもっていない形だけのものでは礼になりません。礼は呼吸に合わせて行ないます。息を吸いながら上体を前傾させ、体を曲げた状態のまま息を吐き、息を吸いながら体を起こします（三息の礼）。頭は上体に合わせて動かし、首を曲げて頭だけ落とすことのないように注意しましょう。礼をする対象者には、すべてを正対させることが重要です。

正面

POINT
両手の指先を内側に向ける

深い礼

第3章
基本・体配

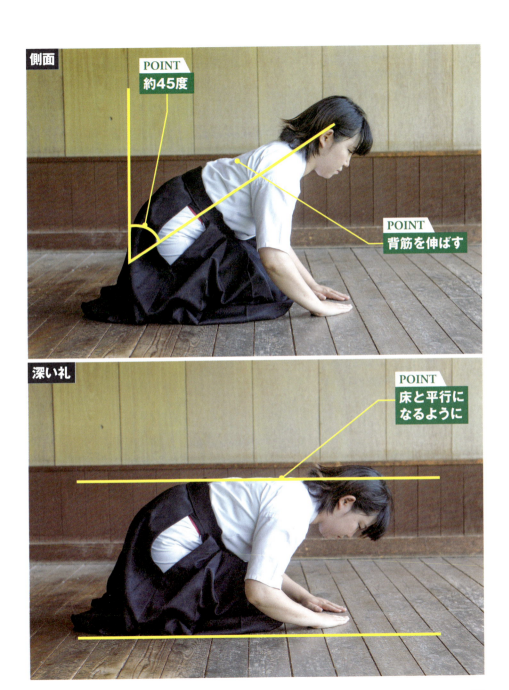

基本姿勢⑥

立礼

正面

POINT
背筋を伸ばす

側面

POINT
約45度

悪い例 ✕
首が曲がる

立ち姿勢から、背筋を正しく伸ばし腰を中心に折り曲げるのが立礼です。自然に下がる両手の指先が、膝頭に接するのが深い礼です。座礼同様、三息の呼吸で行ないます。

第3章
基本・体配

揖(ゆう)

深い礼

側面

POINT
約10cm

浅い礼を「揖」といいます。上体を腰から折るようにして前方に約10cm曲げます。呼吸は、三息が原則ですが、多人数で入場、退場の時は、吸う息で倒し、吐く息で起こします（二息）。

執弓の姿勢

執弓の姿勢とは、正しい立ち姿勢（基本体）、または正座、跪坐、足踏みした姿勢で、両手に弓矢を持つ姿勢のこと。執弓の姿勢で、立ったり、歩いたり、廻ったり、座ったりする、弓と矢を持った時の基本となる姿です。大切なのは正面から見た時、矢の延長線と弦（弓）の延長線が体の中心で交わることです。横から見た時、弓と矢が重なって見える構えであることも大切です。言葉遊びですが、「人」が「弓」と「‖（2本の矢）」を持った姿を「佛（ほとけ）」と書きます。自分に厳しく、人には慈悲深い心をもちましょう。

POINT 矢と弦の延長線が体の中心で交わる

POINT 両こぶしは同じ高さ

POINT 末弭は体の中心線上にあり、床から10cmの高さ

第3章
基本・体配

矢の角度

矢は弓と同じ角度で持ちます。矢の方向を定めるために、手の甲を下に向けると安定します。

矢が下がり過ぎ

矢の持ち方

矢の持ち方には、射付節（いつけぶし）を持つ方法と、板付（いたつき）を隠す方法があり流派により異なります。

射付節を持つ

板付を隠す

男女の足幅の違い

男性

女性

足幅は立ち姿勢と同じです。男性は3cmあけ、女性は足をつけます。特に、男性は両足が平行にならないことが多いので注意してください。

65

体配
たいはい

　体配とは、弓道における動作の作法のことです。ここでは礼射系・座射の、本座から射位に移動し射法を行なう、一連の動作を紹介します。流れをしっかりと覚え、注意点を確認し、スムーズに行射が行なえるようにしましょう。

座射（礼射系）

跪坐（きざ）

CLOSE UP　跪坐

跪坐での執弓の姿勢は、64・65ページで紹介した立ちの執弓の姿勢と、上体の姿勢は同じです。正しい弓と矢の向き、右手左手の角度の悪い所を注意して下さい。

側面　弓と矢は同じ角度 ○　／　矢が上がり過ぎ ×

背面　弓と矢は左右対称 ○　／　矢が上がり過ぎ ×

第3章
基本・体配

体配

立ち上がったら右足を引きつけ足を揃える

左足の一歩目を、やや広く踏み出す

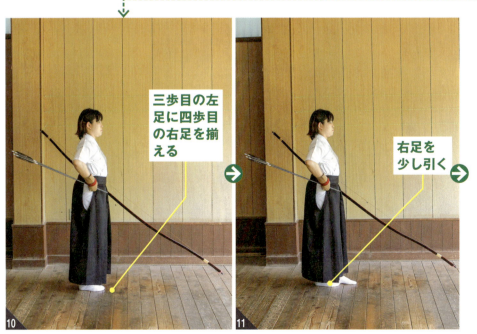

三歩目の左足に四歩目の右足を揃える

右足を少し引く

第3章
基本・体配

二歩目、三歩目は普通の歩幅で

三歩目

跪坐（きざ）

腰を切る

弓の末弭（うらはず）を目の高さに上げる

体配

開き足

右膝を開きながら45度の角度で向きを変える

左膝を右膝に揃え、腰を踵の上に下ろし脇正面に向きを変える

腰の位置で弓を返す

矢番え

右手を前に出し弓と矢を十文字にし、甲矢を人差し指と中指の間に取る

第3章
基本・体配

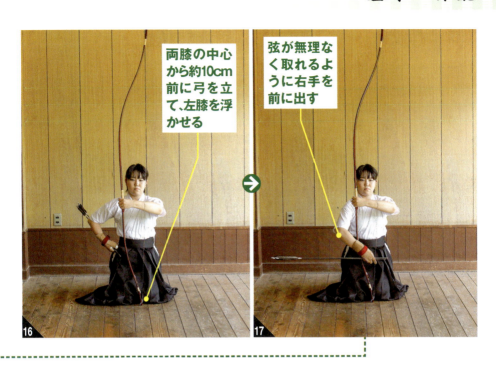

体配

乙矢を逆に向け走り羽が下になるように左手で持つ

弽で筈を隠すように筈と弦に手を添える

甲矢が鼻の辺りにくるように、捧げ持つ

立て膝から左足を少し踏み出して立つ

第3章
基本・体配

右手を腰に戻す

矢番えが終わった時、弦は鼻筋に重なるようにします。

体配

足踏み

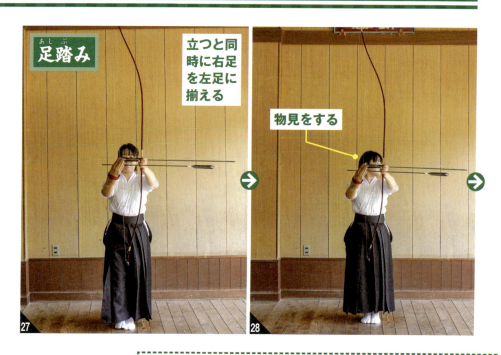

立つと同時に右足を左足に揃える

物見をする

右足を扇形になるように踏み開く

物見を脇正面に返す

第3章
基本・体配

体配

第3章
基本・体配

呼吸に合わせて、弦調べ、篦調べをする

物見を脇正面に返す

打起し

引分け

体配

会

離れ・残心（身）

引く矢がある場合は、斜め閉じ足をする（閉じ足は原則真横に閉じる）

左足を右足に揃える

第3章
基本・体配

体配

第4章

射癖の矯正

足踏み①

足幅

「足踏み」は、正しい基本姿勢をとるための、いちばん重要な基礎の部分なので、自分に合った足幅に開くことが重要です。「足踏み」をいい加減にすると「胴造り」が定まらず、安定感のある行射をすることができなくなります。両足の親指の指先の間は、自分の矢束（実際に引き込む矢の長さ）と同じ長さにすることが基本です。

足幅は矢束を基本に決める

矢束の長さの測り方

矢束とは、実際に引き込む矢の長さのことです。矢束の長さは、写真のように体の中心に矢の筈（はず）を合わせた時の、中指の先までの長さです。この長さを計り（矢に印をつけ）足幅を合わせます。そして足踏みの時に1回で決まるように、体で覚えるまで何回も練習しましょう。

第4章
射癖の矯正

足幅が広過ぎる

✕

体の構えは、左右には強くても前後に弱くなります。縦線の伸びも難しく、矢飛びは往々にして高くなります。

足幅が狭過ぎる

✕

体の構えは、前後には強くても左右に弱くなります。懸かり胴、退き胴になりやすく、矢飛びは低くなります。

足踏み②

足踏みの角度

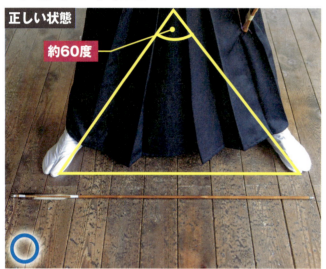

正しい状態
約60度

開く幅がわかったら、今度は角度です。足踏みの角度は八文字ともいい、自分から見て外側に60度の八の字に開きます。60度は前後左右にもっとも安定する角度。左右の足の角度が狂うと、腰や肩の捻れが生じてしまうので、正確に踏み開くことが必要です。

角度が広すぎる

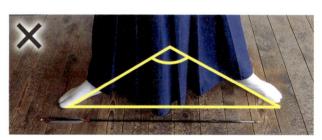

角度が狭すぎる

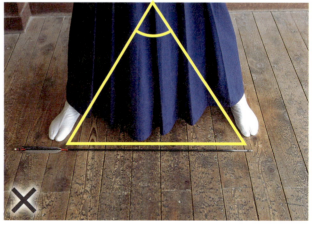

第4章
射癖の矯正

両親指先のライン

正しい状態

足踏みは、正しい足幅、正しい足の角度の他にも、真っすぐ的方向に体を向けることも重要です。的の中心の延長線上に、両足の指先が位置するように足を置くのが基本です。足踏みが正しくないと、狙いや、三重十文字が崩れてしまうので注意しましょう。

会の姿勢で左肩が前に出る人（三重十文字が崩れている時）は、左足を少し後ろに下げます。また、左肩が後ろになる人は、左足を少し前に出して射癖を矯正するといいでしょう。

左足が前に出過ぎ

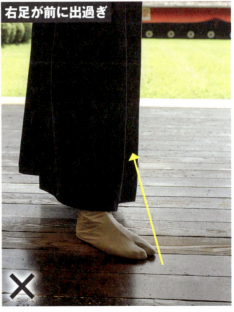

右足が前に出過ぎ

胴造り

腰の捻れ

正しい状態

胴造りには、反る胴（後ろに反る）、屈む胴（前に屈む）、懸かる胴（的方向に傾く）、退く胴（的と反対方向に傾く）、中胴（重心が安定）の五胴があります。中胴は、両足・両腰を安定させた正しい胴造りで、体がもっとも安定しています。

下の写真の悪い例のように、左肩が引けている、左肩が前に出ているものは、三重十文字が崩れています。両肩の線と腰の線が平行になるように意識しましょう。

そして、足踏みの上に腰を据え、上体を力みなく伸ばす気持ちを作りましょう。

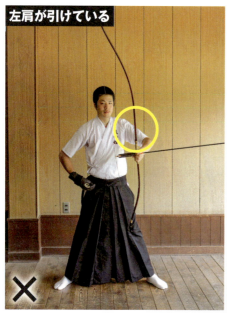

左肩が引けている

左肩が前に出ている

第4章
射癖の矯正

出尻鳩胸

　出尻鳩胸は、お尻を後ろに突き出し、胸を前に突き出した姿勢のことです。足踏みが狭い時、上体に力が入り過ぎる時、腰を詰め過ぎる時になることが多くなります。足踏みを正しく行ない、背骨、首筋を伸ばして自然に保ち、両肩の力を抜きましょう。縦線の伸びを意識することに注意してください。

弓構え

弓懐

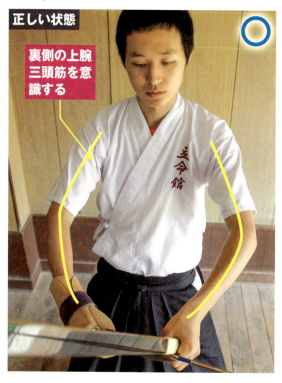

正しい状態
裏側の上腕三頭筋を意識する

弓構えでは、大きな木を抱くように、ゆったりと両腕を構えます（円相を作る）。この構えを弓道では弓懐（きゅうかい、ゆみふところ）といいます。二の腕、上腕三頭筋（後面の筋肉）を意識して両肘を軽く張ります。下の写真のように実際に的を両腕で抱えてみるのもいいでしょう。この円相の構え（両腕で円を作る）を崩さずに、そのまま打起します。

円相の構えを意識し過ぎた場合、両手首がかたいと左手は後ろを、右手は前を向くので注意してください。手の内の手首が前に向かうように意識します。

円相の構えをイメージ

第4章
射癖の矯正

弓構えで、腕を曲げ過ぎたり伸ばし過ぎたりするのは、二の腕の使い方が悪いからです。指先を意識し過ぎないようにして、左ページのように実際に的を腕で抱くようにして構え、正しい腕の角度を覚えてください。弓懐が狭いと、打起し、大三がぎこちなくなります。大三への準備を考え過ぎて肘を伸ばしてしまうと、円相の構えが崩れるので注意してください。

弓構え／取懸け①

取懸けの位置

正しい状態

浅い / 正しい位置

深い / 正しい位置

取懸けは右手で矢と弦を押さえることをいいます。取懸けは、常に同じ位置にすることが重要で、位置が少しでも変わると弓を引く感覚が変わってしまいます。また、取懸けの位置は、鰈の股の広い・狭いによって微妙に変わるので、自分の鰈に合った場所を探すことが必要です。取懸けの正しい位置は、左の写真を参考にしてください。

取懸けの位置が浅いと筈こぼれが起こりやすく、深いと会で矢が上がることが多くなり、また離れも出しにくくなるので注意しましょう。

第4章
射癖の矯正

鞢(ゆがけ)の親指の向き

正しい状態 ○

十文字

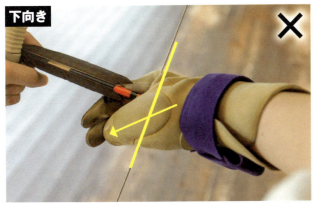

下向き ×

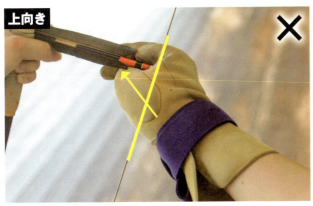

上向き ×

　取懸けでは、五重十文字のひとつ、鞢の親指と弦の十文字を守ることが一番大切です。親指が下向きになるのは、鞢の親指が自分の指よりも太い時に鞢の中で自分の親指の可動域が大きくなるためです。そのような場合は、握り皮の余ったものを鞢の親指の中に入れるなどして隙間ができないように工夫することが必要です。親指が上を向いている時は、矢が上に飛びやすくなるので注意しましょう。

　鞢と人差し指のサイズは、長さは合っていても太さが合っていない人が多く見られます。鞢が太いと脱げていくように感じられ、力任せに捻ったり、親指に力が入り過ぎてしまいます。離れにくい原因になるので注意しましょう。

弓構え／取懸け②

人差し指の位置

取懸けの際の人差し指は、伸ばさずに少し曲げ、親指に付けたほうがよいでしょう。人差し指を伸ばした状態で親指に付けないと中指の負担が大きくなります。中指と人差し指の力の強さの割合は、7：3、6：4ぐらいが理想的です。

人差し指を親指に付ける ○

人差し指が親指に付いていない ×

第4章
射癖の矯正

親指の向き

　親指は、できるだけ的に向け、曲げないように意識しましょう。親指が曲がり体の前方を向いている時は、矢が前に出るので注意が必要です。

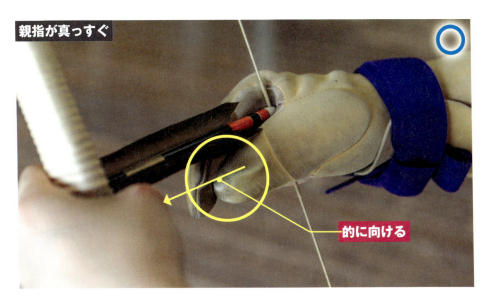

親指が真っすぐ ○
的に向ける

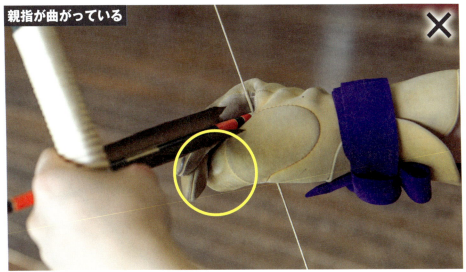

親指が曲がっている ×

弓構え／取懸け③

指先の形

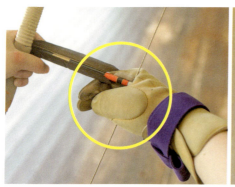
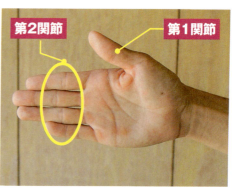

第2関節
第1関節

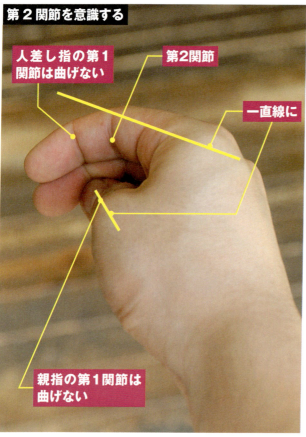

第2関節を意識する

人差し指の第1関節は曲げない
第2関節
一直線に
親指の第1関節は曲げない

　ここでは弽の中の指先の形に注目してみましょう。

　人差し指と中指は、第2関節に気持ちを置き、指先に力を入れて弽帽子を握ることや押さえ込むのはやめましょう。手の内の力のかけ具合は、電車の吊り革を持つ時の形が理想です。親指の第1関節は、山のように曲げないで一直線になるようにしてください。

　また、写真では少し曲がっていますが、人差し指の第1関節についても曲げないで一直線にして下さい。

第4章
射癖の矯正

指先でつまむ ✕

指先が曲がる ✕

写真の悪い例のように「指先でつまむ」「指先が曲がる」「親指の先が出過ぎる」場合は、つまむ力が強すぎるので弓手に悪い影響が出ます。指先が曲がる深い手先は離れにくくなります。また、中指と人差し指で押さえた親指の先が出過ぎると腱鞘炎になりやすく、離れにくくなります。指先に力を入れず、第2関節を意識しましょう。

✕ 親指の先が出過ぎる

親指を上から押さえる

弓構え／手の内①

人差し指の使い方

　手の内は、親指の付け根に力を入れるのが基本です。この手の内が正しくできていないと、押すポイントが上下にずれ、余計なところに力が入ってしまいます。人差し指を曲げる、伸ばすということは、親指の付け根で押すことができず、弓を強く握ることになるので、大三に移行する時に悪い影響を及ぼします。力を入れないで人差し指を弓に付けると、スムーズに廻すことができ大三に移行できます。

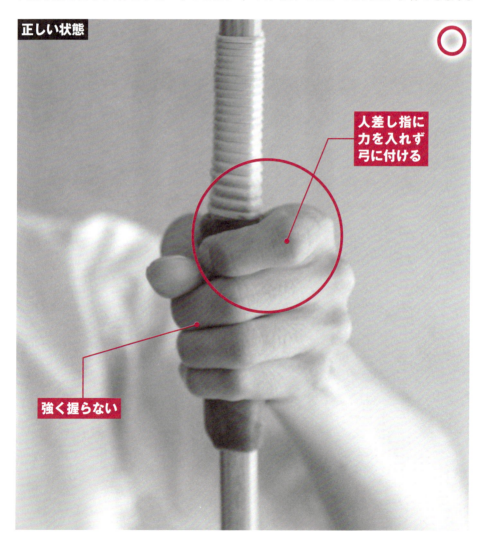

正しい状態

人差し指に力を入れず弓に付ける

強く握らない

第4章
射癖の矯正

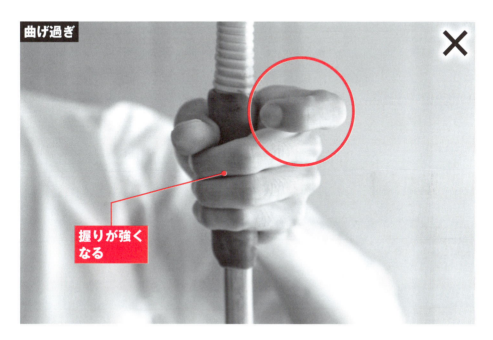

曲げ過ぎ ✕

握りが強くなる

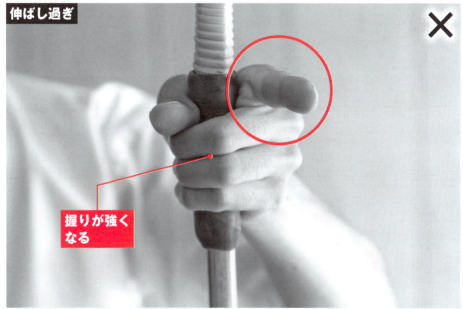

伸ばし過ぎ ✕

握りが強くなる

弓構え／手の内②

爪揃え・親指

正しい状態

離れる

曲がる

手の内では、親指と人差し指の間の股で、弓を巻き込むようにします。親指に力を入れて無理矢理反らせたり、親指を中指の先から離すと、親指の根元に力が入らなくなり、中押しを行なうことが難しくなります。また、強く握り過ぎると、親指が曲がってしまうことがあるので注意して下さい。

親指の股だけ弓を巻き込む人がいますが、人差し指の股も巻き込みます。このことにより、大三、会において親指が離れることがなくなり、手先で力強く握ることがなくなります。その結果、弓手の伸び合いが楽になります。

第4章
射癖の矯正

弓の押し方

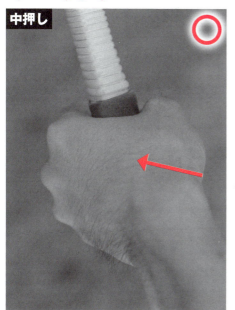

これは手の内を後ろから見た写真です。親指と人差し指の間の股の形を意識して、正しく中押しができているかチェックしてください。上押しでは外竹の角から天紋筋が外れやすく、ベタ押しでは親指の根元で弓の力を受けることができなくなります。

中押しは、人差し指と親指の皮が弓を巻き込んでいます。ベタ押しは、人差し指の皮が弓を巻き込んでいません。それ故、ベタ押しは弓を直角に受けることができなくなります。

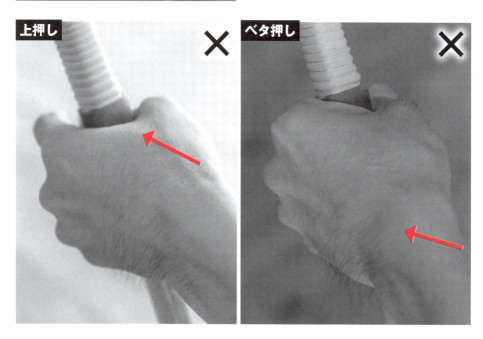

弓構え／手の内 ③

入り具合

正しい状態 ○

入り過ぎ ✕

控え過ぎ ✕

手の内は、弓の側木（外竹と内竹の間、弓の側面の木材）に向かって、親指と人差し指の間の股を挟むようにして作ります。中指、薬指、小指で弓を押さえきれずに親指の根元に力を入れると「入り過ぎ」ることがあり、弓の力に負けてしまうと「控え過ぎ」になることがあるので、手の内を整える時に注意しましょう。

入り過ぎるのは、大三において手の内を入れるための準備を考え過ぎるのが原因です。手の内をかたく握り過ぎないように注意しましょう。

控え過ぎは、円相の構えを意識し過ぎるのが原因です。手首、肘をもっと柔らかく使うことを考えて下さい。

第4章
射癖の矯正

握りの位置

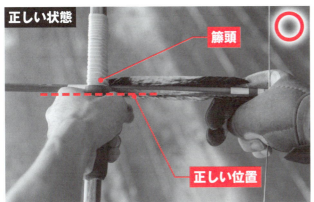

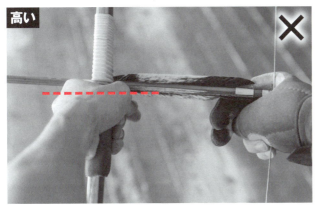

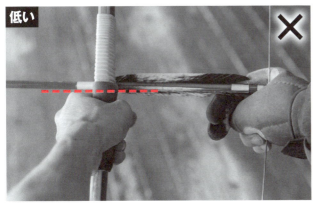

　手の内を整える時、籐頭（とがしら）より約1cm低い場所で握りを作ります。親指と人差し指の間の股で弓を巻き込むようにすると、約1cm上がるので、握りの位置が会でちょうど籐頭の位置になります。

　手先の凝り（力み）は技を殺します。手の内では、右も左も握り過ぎないこと、必要以上に力を入れないことが大切です。力を入れ過ぎると、屈筋と伸筋のバランスが悪くなります。

　手の内を整える時は、適当に握ることはやめましょう。人によっては1～2cm低い場所で握りを作る場合があります。

　握る位置が籐頭（とがしら）より上になると矢は上に行き、親指を怪我します。下になると矢は下に行きます。

　常に籐頭に矢が位置するように注意しましょう。

101

弓構え／物見

顔の向き①横方向・傾き

物見は、取懸け、手の内を行なった後に的を見定める動作。的方向に無理に顔を向けるのではなく、遠くから人に呼ばれて自然に顔を向ける感じがよいでしょう。顔向けが「浅い」時、「照る」時は、正しくねらいを定めることができなくなります。また、「伏せる」時は髪の毛を払うことが多く、「深い」時は左肩が後ろに引けてしまい、三重十文字が崩れる原因にもなります。

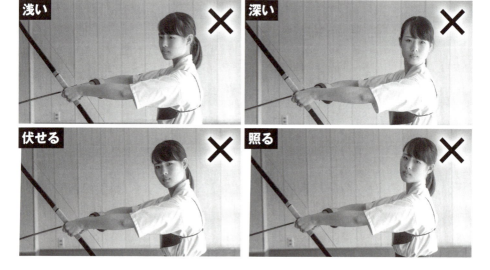

第4章
射癖の矯正

顔の向き②上下

顔向けの、上向き、下向きは、胴造りが退いたり懸かったりするので、三重十文字が崩れ矢が上下に飛びやすくなるので注意が必要です。

正しい状態 ○

上向き ✕

下向き ✕

打起し①

矢の向き①上下

　胴造りで作った三重十文字を、打起しで弓を上げた際でも崩さないのが基本。また、88ページの弓構えでイメージした円相の構えを、打起しでも崩さないのがポイントです。打ち上げた時、矢は床と水平、または少し板付が下がっていることに注意しましょう。弽で弦を持ち上げるつもりで行なってください。

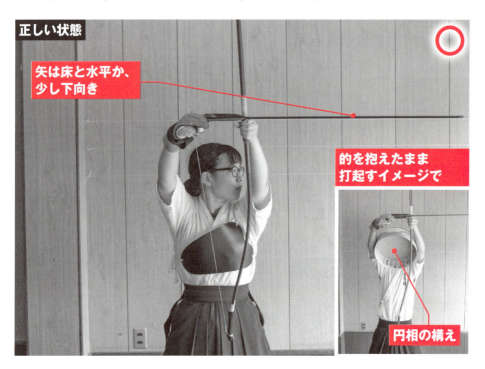

正しい状態 ○
矢は床と水平か、少し下向き
的を抱えたまま打起すイメージで
円相の構え

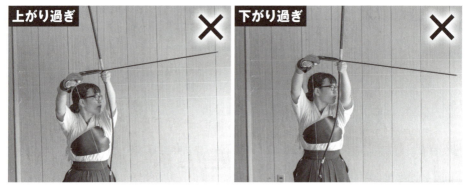

上がり過ぎ ×　　下がり過ぎ ×

第4章
射癖の矯正

矢の向き②前後

打起した際に、一緒に肩が上がってしまうと、肩の平衡を失い不要な力が入ってしまいます。その結果、矢が前を向く、後ろを向く、上を向くなど、向きが不安定になります。

円相の構えを保ち、両肩を下に沈め、矢の向きは体と平行で、矢が的に向かっていると、バランスのいい引分けを行なうことができます。手首、肘の柔らかな使い方を意識しましょう。

打起し②

弓の位置

正しい状態
弓は床に対して垂直
45度

弓を打起す位置は、弓を床と垂直にして、45度の角度で両こぶしを遠くて高い所に置くのが基本。重心が後ろになると弓が「照り過ぎ」になり、重心が前だと「伏せ過ぎ」になります。また、両肩が上がってしまったり、腕を伸ばし過ぎると「高過ぎ」になり、腕を曲げ過ぎると「低過ぎ」になります。体の重心が動かないように胴造りを正しく行ない、肩が上がらないように注意することが必要です。

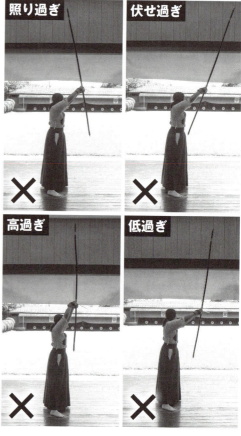

照り過ぎ / 伏せ過ぎ / 高過ぎ / 低過ぎ

第4章
射癖の矯正

両腕の位置

　弓構えでは、矢の羽が体の中心になっていましたが、羽を体の中心に置いたまま打起しをします。羽の位置が右側や左側になると、両腕も一緒に右や左に動いてしまい、左右のバランスが崩れ、そのまま引分けると大三の形もバランスが崩れてしまいます。体の中心を常に意識して打起しを行ないましょう。

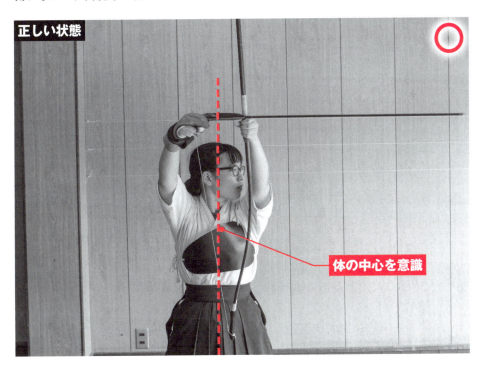

正しい状態 ○　体の中心を意識

体の前 ×

体の後ろ ×

引分け①

こぶしの高さ

　引分けでは、打起しの高さを守った大三（※）になることが大切です。打起しが高過ぎたり低過ぎると正しい引分けができなくなるので、打起しの45度の角度をしっかり保つように意識しましょう。

矢は床と水平か、少し板付が下がる位がいいでしょう。こぶしは、引き過ぎず、引き足りなくなく、高すぎないのがよいとされます。

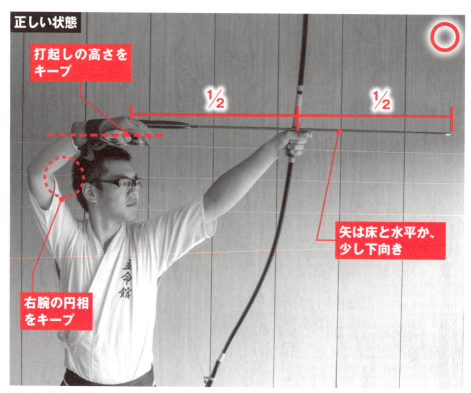

正しい状態

- 打起しの高さをキープ
- 右腕の円相をキープ
- 矢は床と水平か、少し下向き

　弦は鼻の上になるように、広くなったり狭くなったりしない位置を覚えましょう。この位置は、右腕が張り、円相が崩れていない姿です。また、弓手（左）の肩の、力の負担が少ない位置なので、バランス良く引分けることができます。

※自身が引く矢束の三分の一程度引いた状態。弓に弦を張ったままの状態（弓張顔）での弓と弦の間隔を15cm弱とすると、そこから自身の矢束の三分の一＝30cmを引く。全体の矢束を90cmとすると、大三では約半分の45cm（15cm＋30cm）を引けるということ。

第4章
射癖の矯正

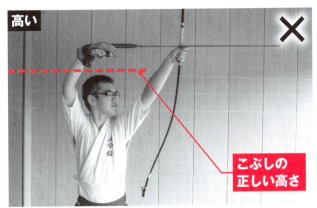

高いと肩が上がり、会の時にしっかり力を受けられないので、三重十文字、五重十文字が崩れることがあります。

矢束が足りず、右肘の位置が高くなり収まらない会です。力任せの引分けになります。

引き足らず

弓を引く力が弱くバランスのとれた大三ができません。引き足らずの状態のまま、さらに引分けると、会が小さくなり、矢束いっぱいに引けなくなってしまいます。矢束の三分の一をしっかり引くことを意識しましょう。右肘の円相がなくなっています。

引分け②

矢の向き

　引分けでは、左右均等に引分けることが重要です。引く力が、右手、左手のどちらかが強過ぎたり弱過ぎたりすると、矢の向きが上向きや下向きになってしまいます。矢は「打起し」から「会」にいたるまで、的に向かっていること、床と水平であることが基本です。これが崩れると狙いがつけられなくなってしまいます。

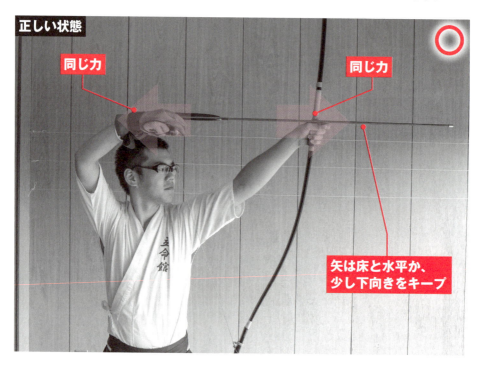

正しい状態 ○
同じ力／同じ力
矢は床と水平か、少し下向きをキープ

上向き ×
強い力

下向き ×
強い力

第4章 射癖の矯正

右こぶしの位置

　大三での右こぶしの位置は、額からこぶしひとつ分あけた場所がよいとされます。打起し～引分け～会は、肩と肘を使いながら上から下ろすので、こぶしの位置が遠過ぎたり近過ぎたりすると力を入れるのが難しくなります。こぶしひとつ分あけた位置は、強い力で引分けられる最適なポイントなのです。

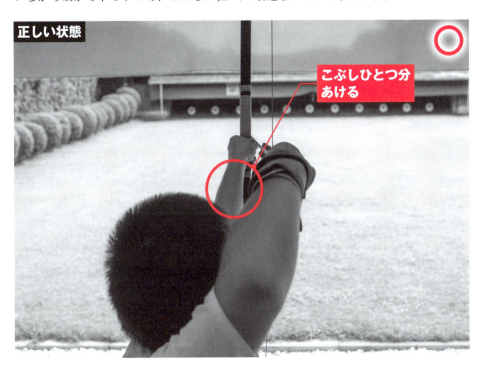

正しい状態 / こぶしひとつ分あける

遠過ぎる ✗

近過ぎる ✗

会 ①

頬付けの位置

頬付け（矢が頬に付くこと）と胸弦（弦が胸に付くこと）ができていることは、正しく引けている証。頬付けは、矢の位置を一定にして狙いを正確にするために非常に重要です。

頬付けは、ほお骨の下から口割（口の高さ）の間で、矢が頬に付くようにします。骨格により口割までは下がらない人もいるので、無理に口割まで下げる必要はありません。無理に下げると勝手（右手）を無理矢理つぶしてしまい左右に開く力がなくなってしまいます。

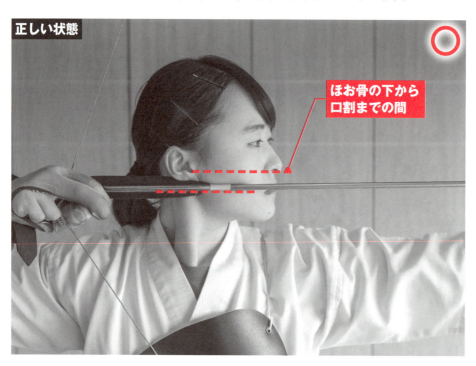

正しい状態　○

ほお骨の下から口割までの間

高い　×

低い　×

第4章 射癖の矯正

帽子（親指）の向き

　「会」においても、五重十文字のひとつ、弦と親指の直角を崩さないでください。そのためには、弽の帽子（親指）の向きが重要になります。右手の捻り過ぎや捻り不足などで親指の向きが変わってしまうからです。親指が下を向いたり上を向くと、緩んだ離れが出やすくなるので注意しましょう。

正しい状態

下向き

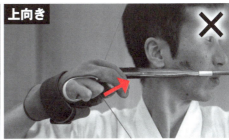
上向き

会② 胴造り／中胴

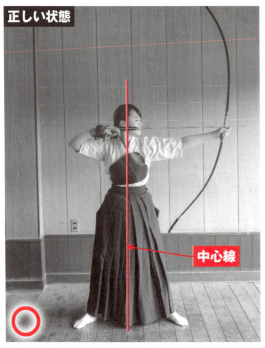

正しい状態

中心線

　「会」における胴造りは、左右のバランスがもっともいい状態、中胴が基本です。射法八節の「胴造り」で整えた体のバランスは、「残心（身）」に至るまで崩さないでください。顎が上がったり下がったりすると、体が退いたり、懸かるので注意が必要です。また、左右の手の押し引きのバランスが偏ると左右に胴造りが崩れやすく、中胴が維持できなくなります。

　左の正しい状態の写真は、胸の中筋からの力の発動ができる理想の胴造りです。下の写真のような「懸かる」「退く」の場合は、直立や片足で弓を引いてみましょう。バランスよく引くことが大事だと感じるはずです。

懸かる

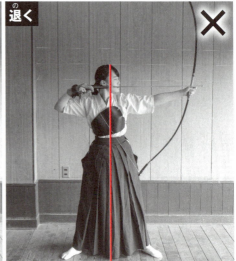

退く

第4章
射癖の矯正

胴造り／重心

胴造りの重心は、体の中心よりも少し前になるのが理想です。爪先に体重を乗せる気持ちで縦線を意識しましょう。腰が折れる（腰抜け）と重心が前に行き過ぎ、胸の前に力がこもった反りになると重心が後ろに行き過ぎて、縦線ができていない状態になります。三重十文字を意識して胴造りが崩れないようにすることが大切です。

重心を少し前にすることで、胸割りや、体全体で離れることを感じることができます。

会③

手の内／十文字

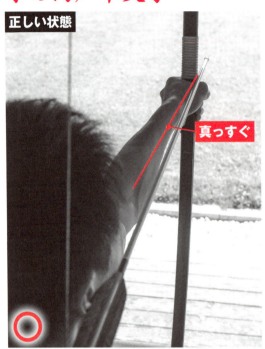

正しい状態　真っすぐ

　五重十文字のうちのひとつが、弓と弓手の手の内が直角であることです。30ページで手の内の4つの働き、矢の速度、貫徹力、飛翔力、集中力について触れました。特に集中力は的中に直接つながることなので、手の内は疎かにできません。

　手の内を控え過ぎると、手首を振った残心（身）になります。また、入り過ぎは、前腕や手首を弦で打つこともあるので注意が必要です。

※「角見を働かす」とは、手の内の親指で弓を力強く押すことではありません。中指・薬指・小指の三指をしっかりしぼって大三からの弓の回りを止めることです。

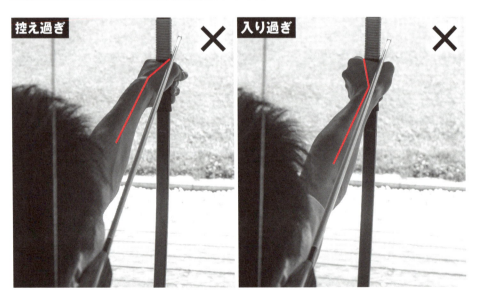

控え過ぎ　入り過ぎ

第4章
射癖の矯正

手の内／中押し(なかお)

　手の内では、中押しを意識することが大切です。中押しができているかどうかは、中指、薬指の間の線が、手首の脈所(内側)に向いているのが目安になります。

　手の内の上部を押す上押しになると、矢は下に飛び、残心(身)は手首が折れて弓の本弭(もとはず)は前に出ます。

　手の内の下部を押すベタ押しでは、矢は上に飛び、残心(身)は手首が折れて末弭(うらはず)が前に出ます。

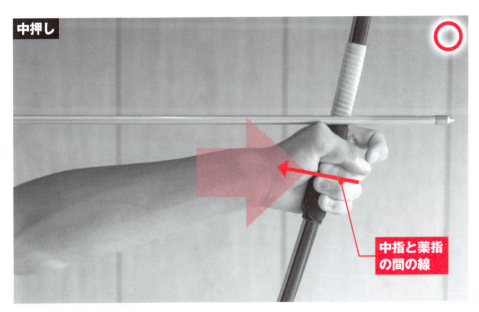

中押し ○

中指と薬指の間の線

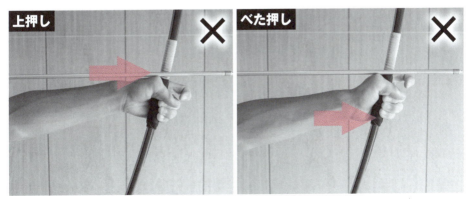

上押し ×　　べた押し ×

会 ④

肩の状態／上下に動く

引分けのバランスが悪いと、五重十文字のひとつ、胸の中筋と両肩を結ぶ線が崩れてしまいます。強く押し過ぎる時は左肩に力が入り過ぎていて左肩が上がりやすくなり、逆に強く引き過ぎると右肩に力が入って右肩が上がりやすくなってしまいます。三重十文字を崩さないよう胸の中筋から左右均等に力を入れる意識をもちましょう。

正しい状態　胸の中筋

右肩に力が入り過ぎ ✕

左肩に力が入り過ぎ ✕

第4章
射癖の矯正

肩の状態／前後に動く

正しい状態 ○

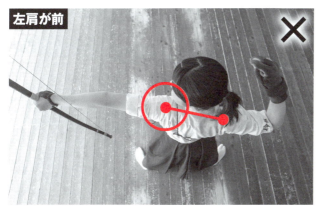
左肩が前 ×

右肩が前 ×

　肩が前後に動いてしまうのは、弓を強く押したり、強い弓を引いた時など、肩の力の入れ具合が左右で不均等になるなどの場合が考えられます。肩の状態（動き・位置）は狙いに大きく影響し、三重十文字が崩れると狙いがずれてしまいます。円相の構えを守り、二の腕の3本の筋肉（上腕二頭筋、上腕三頭筋、上腕筋）を使うことを考えましょう。二の腕、肩がよく働くと肩の状態もよくなります。

　両肩は、三重十文字、五重十文字のふたつの重要な点に加え、自然に立つ姿勢で、両肩が体の少し前にあることが大切です。この姿勢を意識すると、よい弓になります。

狙い

正しい状態

狙いは、半月、満月、闇のどれか

　的の狙いは、右目で見ている人は半月（的が半分見える）になりますが、骨格、その他で満月（的が全部見える）や闇（弓に的が隠れている）に見えることがあります。狙いが正しいかどうか第三者に後ろから見てもらうといいでしょう。

　狙いが前（右）の場合は、弓手で振り込んだり、右手が緩むことがあります。また、矢は前に飛ぶ性質があるので、意図的に狙いを後ろ（左）にもっていく人がいます。右手で力強く離す人も後ろに狙いがいきやすいので、左手も強くしてバランスがとれるようにしましょう。

「的面」ってどう読むの？

これは「まとも」と読みます。的の面を狙うという意味です。「真面」も「まとも」と読みます。これは、まっすぐに向かい合うことの意味です。「真・善・美（しんぜんび）」という言葉がありますが、認識上の真と、倫理上の善と、審美上の美のことで人間の理想としての普遍妥当な価値を表しています。「的・善・美」ではどうでしょう。弓道の本質が、ここに表されていると思いませんか。「まとも」な弓を目指しましょう。

第4章
射癖の矯正

狙いが前（右） ✕

問題
- 弓手（左手）を後ろに振り込む
- 右手が緩む
など

狙いが後ろ（左） ✕

問題
- 弓手（左手）を前に振る
- 右手で力強く離す
など

離れ・残心(身)①

理想的な右こぶしの帽子の形

残心(身)は意図的にその形を作るのではなく、あくまでも自然な「離れ」の延長上にあり、いうならば射の総決算。射全体の正しい流れが必要になります。

「引分け」の力の流れが止まってない時は、手を引っ張ると親指が弦に引っ張られるようになり、右こぶしはグー「握る離れ・握る残心(身)」の形になります。また「会」で流れが止まってしまい、力強く握っている時は、右こぶしの形はチョキ、パーになります。自分のこぶしの形をチェックしてみて下さい。

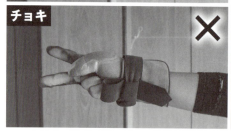

第4章
射癖の矯正

弓手（左手）の力が弱い時、右手を下げて離し、矢を上の方向に飛ばそうとすると、残身で右手が下がります。また、上押しが強い時も、残身で手首を折ってしまい本弭（もとはず）が前に出てしまいます。

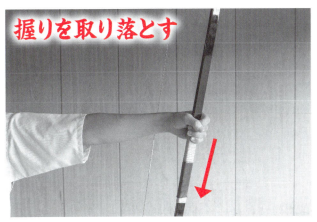

三指（中指・薬指・小指）の握りが浅い時、また、強く握り過ぎている時、弓の反動で弓を落としてしまうことがあるので注意して下さい。

右手がほとんど開かない残身を「小離れ」といいます（反対は大離れ）。弓手・肩・二の腕の働きが弱いと、右手の働きも弱くなり、小離れになってしまいます。

離れ・残心(身)②

弓手(左手)が前後に残る

　残身は、会での伸び合いの延長上、矢の延長線に離す意識が必要です。

　弓手をしっかりと受けていない時、押して(開いて)いない時、弓手が振り込み気味になり後ろに残ります。

　弓手が前に残る場合は、弓手の肩・二の腕の働きが弱い時、馬手を強く離す時です。

左手・後ろに残る

左手・前に残る

第4章
射癖の矯正

馬手(右手)が前後に残る

馬手が前に残る場合は、会の時に、右手の肘を強く詰め過ぎるからです。前に出る離れでは、矢は後ろに行くことが多くなります。

馬手が後ろに残る場合は、力任せの離れが原因で、矢は前に飛びます。会で矢筋を意識して離れの方向を考えましょう。

右手・前に残る

右手・後ろに残る

早気の矯正

POINT
左右の伸び合いと胸の伸び合いを順番に確認し、その作業が完了するまで離さない。

　一般的に、早気は会に入ったか入らないかの時、間をおかずして離してしまうことを指します。たとえ中ったとしても「正射必中」の原点に立ち返ると矯正の対象です。初心のうちは、身体の各所の伸び合いや気力の充実を待たずに、「中てたい」などの衝動的な感情が引き金となって起きます。

　一方で、年齢を問わず射法八節などの法則に従って体を十分に働かせるためには、各々の動作とその確認に一定以上の時間を要します。必要な時間の長さは人によってさまざま。本人は十分な時間が経過して離したつもりが、実際には半分以下の時間で体の各所の伸び合いや気力の充実を待たずに離している場合があります。このように時間の感覚のズレが早気の解決を困難にしている可能性もあります。

　この場合の矯正方法としては、「正射必中」の原点に立ち返ること、また、若い人は時間の感じ方が長く感じられる傾向があることを理解し、会においては、左右の伸びあいと胸の伸びあい（例えば①右肘、②右肩、③左肩、④左手の内、⑤胸などの要所の伸び合い）を順番に確認し、その作業が完了するまでは離さない、その結果中らないとしても潔くあきらめることを心がけて稽古をするといいでしょう。

　また、早気の人は往々にして離れのあとの残心（身）の時間も短い傾向にあるため残心（身）の時間を十分にとり（例えば5秒以上と定める）、また、会が保てるまで、弓力の弱い弓を稽古に使用するなど、根気よく取り組むことが重要です。

あがりの矯正

POINT
①普段の稽古に真摯に向き合う
②あがりの原因を分析しておく
③アクシデントは受け流す強い意思をもつ

　あがりとは、一定の条件下において感じる強い不安です。厳密には射癖とはいえませんが、あがりという強い心理的なストレスによって、多くは試合や審査の時に普段の稽古とは違う動作をしてしまうやっかいな癖、といえます。せっかくきちんと稽古しても、試合や審査で違うことをしてしまっては、稽古の意味がないとまではいいませんが、価値が相当減少してしまいます。この矯正方法を、いくつか取り上げてみましょう。

　第一に、普段の稽古に真摯に向き合うことです。正射に近づける稽古を中心に、その過程で付随するさまざまな状況を経験しておくことが重要です。

　第二に、あがりの原因を分析しておくことです。試合や審査のときにあがる原因のひとつは、その場が稽古場とは違う環境下にあり、そこから沸き起こるさまざまなアクシデントを十分に想定せず、それらを起こるままにいちいち受けとめてしまい、稽古の時のルーティーンが成立せず、焦りがこうじてパニックのような精神状態に陥ることにあります。この原因を事前にできるだけ多く想定しておくことが必要です。

　第三に、試合や審査のときに必ず沸き起こるアクシデントについては受け流し一切相手にしない、という強い意思を事前にもっておくことが重要です。そのための稽古も十分に行ないましょう。

　以上があがりの主要な矯正方法ということになると考えますが、その上で、試合や審査の時に具体的にどうすればいいのかについては、「第7章　稽古と試合の心構え」で述べることとします。

猿腕の矯正①

猿腕の症状

　一般的な人は、肘の関節を真っすぐ伸ばした状態が普通ですが、猿腕とは腕を真っすぐ伸ばしても真っすぐ伸びない状態をいいます。猿腕にはいろいろありますが、いちばん多いのは、肘が180度以上曲がる人。大きく曲がる場合は、弓を引いた時に、肘が前に出てしまうなど行射の妨げになるので矯正が必要です。軽い場合は、自分の特徴をよく理解して自分の肘に合った引き方をすればいいでしょう。

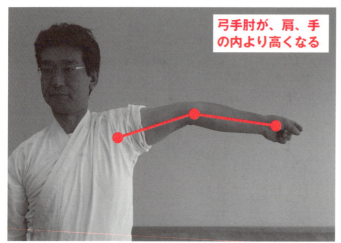

弓手肘が、肩、手の内より高くなる

上押しが普通の状態でかかっているため、少し下押しのイメージで引くといいでしょう。また、肘が高い分だけ弓手（左手）が下がりやすいため、下筋の意識を少し強めにもちます。矢が腕の中にあるため、矢の平行がわかりやすく、狙いもつけやすいので、慣れると違和感はありません。

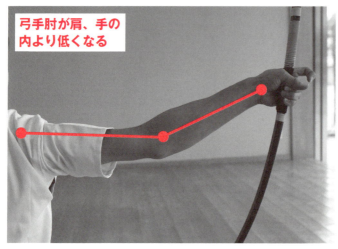

弓手肘が肩、手の内より低くなる

下押し気味になるので、上押しを少し強めに意識する必要があります。この場合、腕全体で上押しをかけると狙いが下がるので、手首から先だけで力をかけたほうがいいでしょう。小指を強めに締めた方が、上押しをかけやすいので覚えておきましょう。ただし、離れでは弓手肘が下がりやすいため、肘を下げないように離す意識が必要です。

第4章
射癖の矯正

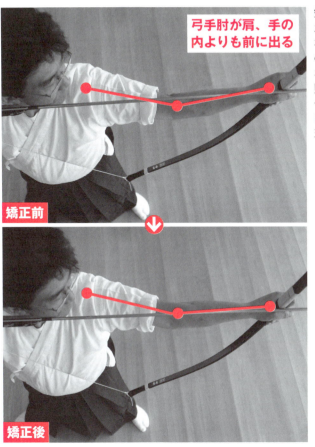

矯正前の状態では、前腕を払ったり、弓手が効かない状態になりやすいので、下の矯正後の写真のように肘が真っすぐになるように矯正します（次頁参照）。この時、本人は押しが不十分のように感じますが、実際は最もしっかり押せる場所だと理解する必要があります。

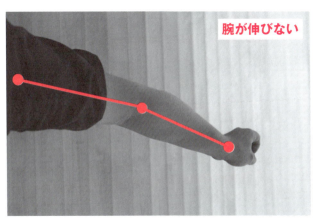

猿腕の中で最も矯正が難しい形です。離れでは弓手肘から動きやすいので、前や下に矢が飛ぶ傾向が強くなります。肘の力が緩まないように意識して、離れで親指を力強く伸ばす意識で行ないます。この時、弓手のこぶしが後ろに動かないようにしましょう。また、通常より肘がさらに曲がりやすいので注意が必要です。

129

猿腕の矯正②

矯正方法

　猿腕には数種類のパターンがありますが、基本的には矯正することは可能です。軽度の場合は特に問題はありませんが、ある程度を越えると、弓を引くうえで支障をきたす場合が多くなります。特に、弓を引くと痛みが出る場合などは、早急に改善が必要です。いずれにせよ、初歩の段階で矯正するのが最もいい方法です。

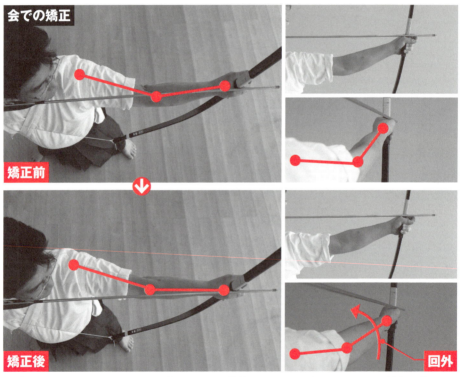

　猿腕を矯正するためのポイントは、肘をまっすぐな状態にすることです。そのためには腕を回内させるか、回外させることが必要です。どちらを選ぶかは猿腕の状態によるので、一概にはいえません。まず、猿腕の状態を把握します。猿腕は、大きく分けると①腕が反る（180度以上）場合と、②腕が伸びない（180度以下）場合のふたつに分類されます。まず弓を持たないで、①の場合は上腕から前腕までが一直線の状態を作り、②は肘を伸ばせる限界点を認識します。そして①②ともに肘を回内（回外）させてみます。次に弓を持って、弦を弓手（左手）の肘あたりまで引いて肘を回内（回外）させます。それができたら実際に弓を引いて、会の状態で肘を回内（回外）させます。以上のことを根気よく繰り返せば、自然に回内（回外）が身につきます。上の写真は①の症状ですが、腕を回外させることで真っすぐ伸びているのがわかります。

第4章
射癖の矯正

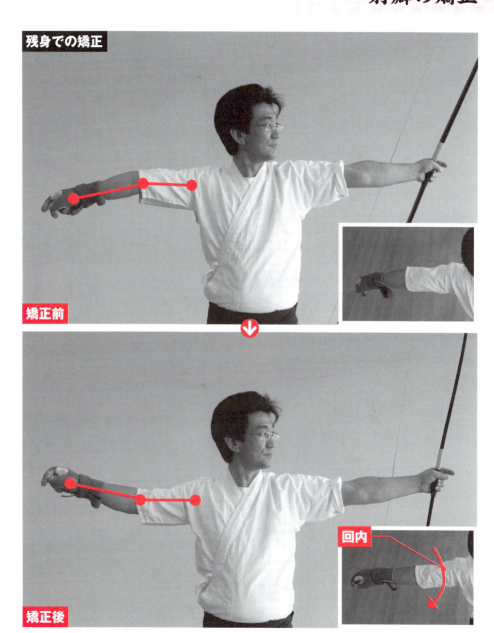

会で矯正しても離れの段階で肘の回内が戻りやすいので、会の状態を変化させないように残身では意識しましょう。写真を見てわかるように、弓手（左手）だけでなく馬手（右手）の肘も回内させ矯正する必要があります。

column

稽古

　稽古には、見取り稽古、数稽古、工夫稽古が必要です。これらの稽古を万遍なく行なうことが成長への第一歩です。

　見取り稽古は、他人の行射を見て技を盗むことです。盗めるということは自分がそのレベルに成長したことの証でもあります。数稽古は、多くの矢を射ることで、自信、確信を作り上げる基になります。工夫稽古は、上のレベルを目指していろいろな稽古を工夫して取り入れることです。引き出しが多いと、試合で起こるあらゆる状況に対処できるようになります。

　また稽古は、自信をもって行なうことが大切です。自分のしていることを信じること、それが自信です。自信をもつことは、仲間を信じることにも通じます。そして、自分の射のイメージをもつことも重要です。自分を信じて、稽古も試合もイメージ通りの弓を引くことに徹しましょう。

　試合では、心の安定が一番大事です。心の安定、射技の安定があれば、的中の安定につながります。中てたい、勝ちたいだけが目標の稽古は、試合で中らない時、射技の安定、心の安定もなくなります。的中しなくても、心の安定、射技の安定があれば勝つことができるのです。

　勝ちは偶然、負けるは必然という言葉があります。負けは必然とは「この矢を中てたら勝てる」という雑念、欲望をもつと負けるということです。無我夢中で弓に取り組みましょう。そうすると結果は自ずとついてくるものです。

第5章
トレーニング

練習方法①

徒手

　徒手（としゅ）とは、弓と矢を持たずに射法八節などを行なうことをいいます。稽古や試合のはじめに、今日改善すべきことをイメージして動作の確認を丁寧に行ないます。弓の力に影響されず、また的を意識せず、ひとつひとつの動作に集中できるので、身体の内面からの射の改善には大変よい練習方法のひとつです。

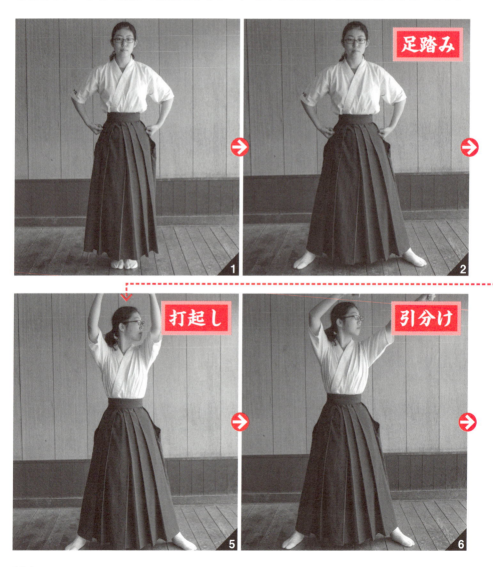

第5章
トレーニング

初めのうちは、射法八節の名称や流れを覚えるためにも、「足踏み」「胴造り」「弓構え」などと元気よく声を出して行なうのも効果的な方法です。

POINT
弓を持たずに射法八節を行ない、正しい射形を体に染み込ませる

練習方法②

素引き

　矢を用いずに弓だけで引くことを素引きといいます。徒手と同じく稽古や試合のはじめに行います。弓を持った状態で射法八節を行うことになります。弓の力に対応した動作となるため、身体の内面の働きもより実践に近くなります。正しい動作に近づけて弓弦を引くことが目的です。ここでは離れの動作は行ないませ

第5章
トレーニング

ん。会で身体の各所の伸び合い・詰め合いを確認し、弓弦をゆっくりと戻します。扱いに慣れてきたら篗をつけて試してみましょう。

POINT
矢を使わずに弓だけを持ち射法八節を行ない、正しい射形を身につけるとともに、弓の扱いに慣れる。

4本の指を弦にかける

弦は離さずに戻す

篗をつける

慣れてきたら篗をつけて素引きを行なう

練習方法③

ゴム弓

　プラスチックや木などの握り棒にゴムなどをつけて、弓と弦に見立てて使用するのが「ゴム弓」です。持ち運びが簡単で狭いスペースでも取り組むことができ、道場以外の場所でも使用できるのが特徴です。素引き同様、力の配分を確かめながら稽古することができ、しばらく弓が引けない時などにも弓を引く上での

離れまでトレーニングが可能。ゴムが前方に弾けるので、周りに人がいないことを確認して練習しよう。

第5章
トレーニング

筋力維持のためにも使用します。ゴム弓は素引きとは違い離れを出すことが可能です。自分にあったゴムを入手して弓弦をイメージしながら練習しましょう。

POINT
狭いスペースでも射形の練習ができ、弓を引く筋力のトレーニングにもなる。

ゴム弓の種類

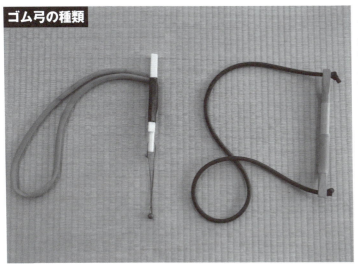

（写真左）握り部分の下端の糸の先に小さな鉛玉のおもりが付いています。離れの後おもりができるだけ上下左右に揺れないよう、正しい中押しの形を習得するために使用します。（写真右）握り部分は木製が多く、実際の弓に似せて内側に捻りが入っています。主に引分けから離れに至るまでの、手の内の角見の働きを覚えるために使用します。

練習方法④

巻藁(まきわら)①

　藁やプラスチックの細いストロー状のものを束ね弓道の稽古用に仕立てたものが巻藁です。

　足踏みから離れまでの射法八節を中心に、羽のついていない矢（巻藁矢、棒矢）を用いて行ないます。より実践に近い感覚で行なうことができるため、普段の稽古や、試合の際に射場へ出る前の調整と

第5章
トレーニング

して行なわれます。

　巻藁を的に見立て、実際に射場に出たことをイメージし、身体の各所の働きを確認しながら丁寧に行なうことが重要です。

POINT
巻藁で射法八節を行ない、実践感覚を養う

的をイメージする

自分の身長に合った高さの巻藁を使用する

最後まで気を抜かない

練習方法⑤

巻藁（まきわら）②

握りを持った弓が巻藁に届く位置から射る

巻藁の前に立つ際には、安全を保つためにも一定の距離が必要です。近すぎても離れすぎても駄目なので、左の写真のように弓できちんと距離を測って行ないます。

引分けている射手の前に入らない

巻藁で稽古している射手の周りにいる人は、その射手の矢の前や後ろに近づかないことが危険防止のための大原則です。

第5章 トレーニング

矢の向き②前後

巻藁矢を抜く時は後ろを確認する

通常は䑓をしたまま、左手で巻藁を押さえ、矢を巻藁から抜き去ります。その際、矢を抜こうとする方向に人がいないことを確かめましょう。安全第一が弓道の稽古の基本です。

鏡で射形を確認する

巻藁での稽古の際、鏡などで自身の射を確認しながら行なうことが、射の改善につながります。写真のように鏡を自身の身体と並行において稽古することは一般的には多いですが、45度の角度をつけて斜め前に置くと顔を動かさずに確かめることができます。いろいろと工夫してみましょう。

練習方法⑥

行射(ぎょうしゃ)

POINT 近い位置から始め、徐々に距離を伸ばしていく

　巻藁の稽古に慣れてきたら、的前に立っての行射に移行します。

　行射を行なうには、射法八節の概要を理解し、巻藁に矢をまっすぐに放つ技術を最低限習得しておくことが必要です。手元のわずかな狂いが、28m先の的場ではメートル単位のズレにつながります。

　危険回避のためにも、初めは巻藁を使用してリスクを小さくして精神的な余裕を確保し、中てる喜びを知ることが重要といえます。

　ある程度安定してきたら、道場の射場から的を狙って弓を射る稽古に移行します。

第5章
トレーニング

的前の稽古では、いきなり道場の射場（距離28m）から射るのではなく、まずは5m、10m、15mといった短い距離から行なうとよいでしょう。

初めは近距離から

部活などの稽古では上級生の行射を見て長所を学ぶことはもちろん、同級生の行射も見て互いの射を知るなどの学びも重要です。試合や審査の際に、お互いに助言などを行なうには、チームメイトの特徴をつかんでおく必要があります。

「見取り稽古」もスキル向上に欠かせない

行射の稽古が順調に行なえるようになれば、チームメイトの的中数率をデータ化し、あまり時間をおかずに公表することも、必要に応じて行なうといいでしょう。

その他に個人では、矢所（的側での矢の着地点）

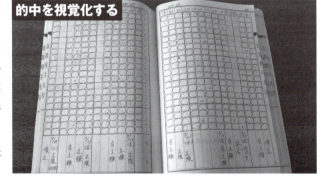
的中を視覚化する

を記録し反省材料に使用します。その際、残心（身）の時間を十分にとり、その射の総括と次への教訓化を丁寧に行なうことが重要です。残心（身）が雑な人は、あまり成長しないといわれるので注意してください。

練習方法⑦

直立姿勢で引く

　前頁までの稽古方法や行射に十分に慣れ、安全対策もきちんととれるようになれば、直立姿勢で引く練習を行なってみましょう。

　直立姿勢は、主に胴造りでの縦線といわれる縦に伸びる働きと重心の位置を確かめるのにいい方法です。通常の胴造りに比べて、左右前後の働きが弱くなる分、不安定な状態になります。不安定な状態を安定化させる練習がこの直立姿勢での行射です。この姿勢から、さらに爪先立ちで行なう方法もあります。

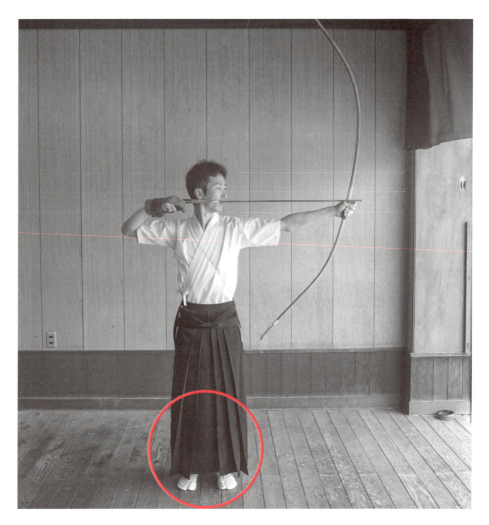

第5章
トレーニング

片足立ちで引く

　直立姿勢よりもさらにバランスを取るのが難しい、片足立ちで行射を行なう練習方法もあります。片足立ちの行射ができるようになるには、体力、筋力面を含め相当な鍛錬を必要とします。集団稽古の場合は危険防止の観点から、あまりすすめられませんが、中級者、上級者の行射の精緻化・強靭化の観点から、行われることのある練習方法です。

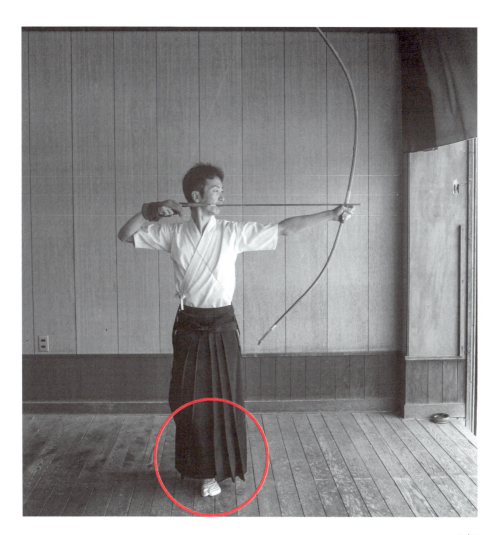

ストレッチ①

　学校や大学で行なう弓道は、素引きや巻藁を含めて1日100～200射引くこともあります。試合の時はなおさらです。その際、手首や腕、頭や背中、足腰などの関節や筋肉を多用します。

　弓道で使う関節や筋肉は日常的には使用しない部分も多く含まれており、毎日使い続けると疲労がたまりやすく、そのまま放置すると怪我や肉離れなどの原因になることもあります。

　ストレッチを行なうことで、関節や筋肉の柔軟性を高め、怪我の防止や円滑な動作につなげることができると考えられており、日々の稽古の前の準備運動として取り組まれています。

　ただし、ストレッチを行なって通常の感覚に戻るには30分程度はかかると考えられるため試合・審査5分前といった直前に行わないこと、強い痛みを感じるまで行わないことを心がけるようにしましょう。

　肘を伸ばしてもう片方の手で手指を持ち、少し手前方向に引いて手指と手の甲を反らせます。これにより、手の指と手首の屈曲に関わる指先から前腕部の筋肉を伸ばします。右手、左手の両方行なうことを忘れないでください。

第5章
トレーニング

二の腕

　片方の腕の二の腕を耳または頭の少し後ろにつけ、肘を頭の後ろ側に曲げ、その手をもう片方の手でつかんで斜め下方向に引きます。これを右手と左手の両方で行ないます。肩関節と、弓道でよく使う上腕三頭筋を中心に、その反対側の上腕二頭筋周辺の筋肉を伸ばします。

ストレッチ②

肩

片方の腕を前に伸ばし、もう片方の腕で伸ばした腕の肘を押さえて巻き込むように抱え、胸の方向に引き寄せます。肩関節の後ろの部分と三角筋の後部の筋肉を伸ばします。これも右手と左手を交互に行なって下さい。

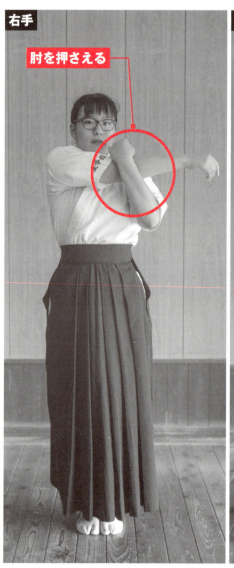

右手 — 肘を押さえる

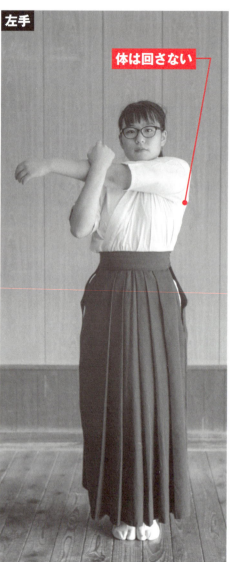

左手 — 体は回さない

第5章 トレーニング

肩甲骨周り

片方の手を反対側の肩に乗せ、もう片方の手指をその肩にある手の上に乗せて前後に回転させます。肩甲骨とその周りの筋肉を伸ばします。

ストレッチ③

胸

　体の後ろで手の甲を外側にして両手を軽く組みます。その体勢から両手を体の後方に向けて離すように伸ばします。肩関節を開き、胸部の大胸筋などを伸ばします。

上半身

　両腕を真上方向にまっすぐに伸ばし、頭上で手のひらを上に向け両手を軽く組み、そのまま上方へ伸ばします。主に肩関節や広背筋の側部を伸ばします。十分に伸ばすために、背中が丸くならないように注意して下さい。

第5章
トレーニング

首／左右に倒す

　手で頭を横に倒し、首の側面を伸ばします。頚部の周りの筋肉を伸ばし、肩こりなどの予防にも効果があるとされています。首を倒した時に反対側の肩が上がらないように、両肩のラインの水平が崩れないようにしてください。

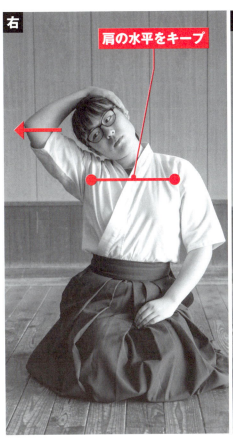

右　肩の水平をキープ

左

ストレッチ④

首／前後に倒す

手で顎を押し上げ首の前部分を伸ばします。体ごと後ろに倒れてしまわないようにして下さい。続いて、手で頭の後ろを押さえ首の後ろ部分を伸ばします。この時、背中が丸くならないように注意しましょう。

第5章
トレーニング

首／回す

　上半身をリラックスした状態にして、頭で円を描くような形で首をぐるりと一周させ、次に逆方向にも回します。首周りには多くの筋肉があり、常に重たい頭を常に支えているのでかたくなりやすいといわれています。前後左右など多方向に伸ばす工夫をしてみると効果的です。

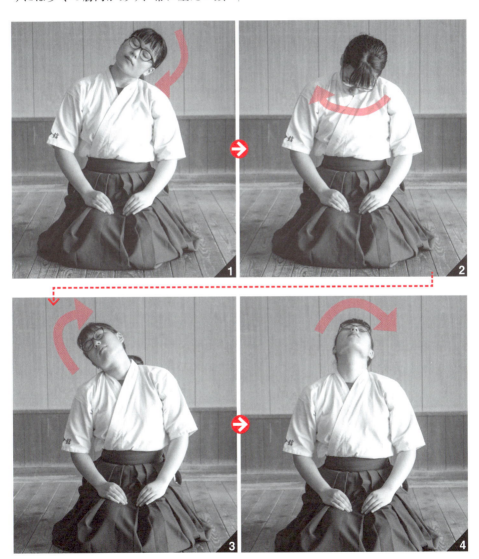

明確な目標(ビジョン)設定がクラブを変える!

日常の稽古の内容が、レベルアップを図るうえで最も重要なことは疑いの余地はありませんが、目標(ビジョン)を設定することも重要です。

学校・大学のクラブにおける役職交代や幹部交代の際に、新しい部長や主将が明確な目標(ビジョン)を定め、その目標に到達するための方法(稽古内容や意思決定ルール)と部員各人の役割(特に幹部=中心となる学年)を明文化することはとても重要です。

一年の最初だけではなく、折に触れミーティングなどで目標を読み返して、部員全員に同じビジョンを共有させます。これは特に団体戦を重視する場合には、必ず行ないたいこと。部長や主将の意思をスムーズに伝えるためにも、何のための練習か理解させるためにも、明確な目標(ビジョン)を定めましょう。

ちなみに立命館大学体育会弓道部(以下、立命館大学)の場合、例年12月初旬に4回生から3回生へ幹部役職の交代が行なわれます。

その際、クラブ強化ガイドライン文書(A4版6～10ページ程度、以下ガイドライン)を配布します。ガイドラインは、次期主将を中心にその代の幹部が議論し作成するもので、作成した草案は、クラブ顧問である部長や監督、コーチとの相談、承認を経て完成します。この取り組みは2001年から行なわれています。立命館大学のガイドラインの構成(概要)は以下のとおりです。

【立命館大学ガイドライン概要】
① 幹部交代について
　幹部交代式の日程、時間帯、次第項目の提示
② 新主将の抱負
③ クラブの目標(ビジョン)
④ 目標遂行のための稽古内容・方法、試合での心得
⑤ 目標遂行のためにクラブにおく各役職、各役職に期待される役割、クラブは大学の課外の教育組織であること・大学顧問・現役部員の協力協調を前提とした意思決定のルール
⑥ 1年の主要なスケジュールなど

毎年、あるいは定期的に、クラブの目標設定(目標を1つにしぼる)と目標への到達方法、そのための行動様式を定めることは、日常の稽古と並んでクラブの運営の質を改善するためにも、最も必要な作業といえます。

第6章
弓具の基礎知識

弓道に必要な道具とは

　スポーツ全般に共通していえることですが、用具は体の一部となって、自在に操れるようになるのが理想です。それ故、自分に合ったものを選ぶことが重要です。それはサイズであったり、素材であったり、構造であったり、さまざまな要素が含まれています。最初は、どんな用具を選んだらいいかわからないと思いますが、この本を読んだり、経験者に話を聞くなどして選びましょう。

　用具で必要なのは、弓、矢はもちろんですが、右手にはめる革のグローブのような弽（ゆがけ）が必要です。

　弓道着には、胴着、袴、帯、足袋があります。着方にはいろいろな方法があるので、経験者や指導者に教わりながらマスターしてください。

弽（P172～）

胸当て

女性用には胸当てがあります。これは必ずしなければならないものではなく、必要に応じて着けるようにしましょう。

胴着

帯（袴の内側）

袴

足袋

第6章
弓具の基礎知識

弓（P160〜）

矢（P168〜）

スポーツにおいては、使用する用具の特徴をしっかりと把握することが必要です。それは弓道もしかり。どんな性質があるのかを理解することで、用具の性能を最大限に発揮することが可能になります。特に弓は、弓道においては最も重要な用具なので、しっかりと理解しておきましょう。

各部の名称

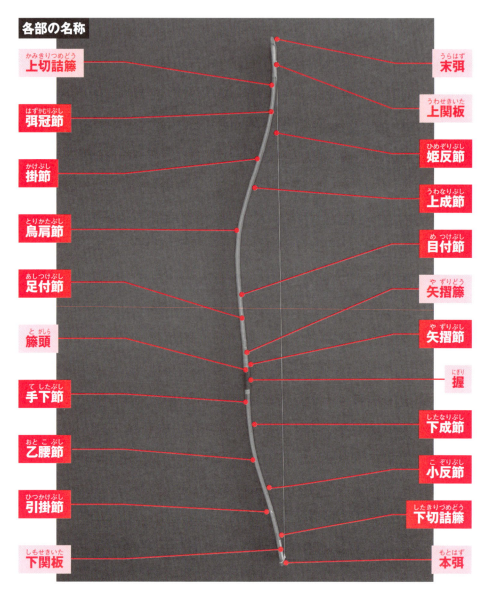

- 上切詰籐（かみきりつめどう）
- 弭冠節（はずかむりぶし）
- 掛節（かけぶし）
- 鳥肩節（とりかたぶし）
- 足付節（あしつけぶし）
- 籐頭（とがしら）
- 手下節（てしたぶし）
- 乙腰節（おとこしぶし）
- 引掛節（ひつかけぶし）
- 下関板（しもせきいた）
- 末弭（うらはず）
- 上関板（うわせきいた）
- 姫反節（ひめぞりぶし）
- 上成節（うわなりぶし）
- 目付節（めつけぶし）
- 矢摺籐（やずりどう）
- 矢摺節（やずりぶし）
- 握（にぎり）
- 下成節（したなりぶし）
- 小反節（こぞりぶし）
- 下切詰籐（したきりつめどう）
- 本弭（もとはず）

第6章
弓具の基礎知識

弓の素材

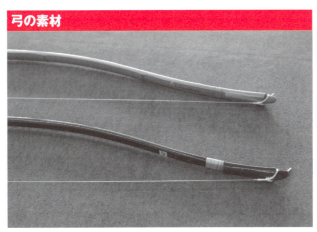

本来、弓は竹製でしたが、現在はグラスファイバーやカーボンファイバーなどの軽量素材を用いたものが主流です。竹製の弓は変に力を入れずに引くことができる反面、湿気に弱く形状が変化してしまうなど手入れが難しい。グラスファイバーやカーボン製の弓は、手入れが楽で耐久性も高いので、初級者におすすめです。

弓の形状

弓を握る位置は真ん中ではなく、下から三分の一の場所にあります。上部が長く下部が短い形状は、独特の美しさを生み出し、持ち手に振動が伝わりにくいといわれています。また、上下の反発力の違いにより、より遠くに飛ばすことができるのが特徴です。写真のように弓の左側を、本弭を手前にして見て、全体のバランスが悪くないか毎回チェックしましょう。

弦通り／入木弓・出木弓

弦を弓に張った時に、弦の位置が右寄りになっているのを入木弓、左寄りになっているものを出木弓といいます。出木弓は矢が前（右）方向に飛びやすくなるので、入木弓のほうが的中しやすくなります。出木弓を入木弓にする方法は164ページを参考にしてください。

弓 ②

弓の長さの選び方

弓の長さ	身長	矢束の長さ
並寸（なみすん）／221cm（七尺三寸）	150〜170cm	85〜90cm
二寸伸（にすんのび）／227cm（七尺五寸）	170〜175cm	90〜95cm
四寸伸（よんすんのび）／233cm（七尺七寸）	175cm〜	95cm〜

弓を選ぶ基準は、長さと強さ。弓には、221cmの並寸（なみすん）、227cmの二寸伸（にすんのび）、233cmの四寸伸（よんすんのび）、212cmの三寸詰め（さんすんづめ）などがあり、自分の身長と矢束を基準にして選びます。選び方を上の表にまとめましたので、参考にしてください。
握りの太さは、自分の手の大きさに合わせて調整する必要があります。握り下を薄いものや厚いものにして太さを自分の手に合わせます。

弓の強さの選び方

年齢	男子	女子
中学1年生	10〜13kg	8〜12kg
中学2年生	11〜14kg	10〜13kg
中学3年生	12〜15kg	12〜14kg
高校生	13〜17kg	12〜15kg
大学生	14〜20kg	12〜16kg

弓の強さとは張りの強さのことです。自分の筋力と技術に応じた強さの弓を使用します。弓の強さは通常kgで表示されていますが、これは並弓の場合は矢束を約85cm引いた時の強さで、伸弓の場合は約90cm引いた時の強さを表しています。おおよその選ぶ基準は上の表の通りです。初心者は弱めの弓から始め、体力、技術の向上に伴って強くしていきます。

弦の太さの選び方

弓の強さ	弦の太さ
10〜13kg	0号／1号
13kg〜	1号／2号
16kg〜	3号

伝統的な弦は麻製ですが、現在ではケプラーなどの合成繊維製が主流です。太い弦は伸びにくく矢飛びが悪いが切れにくく、細い弦は伸びやすく矢飛びはよくても切れやすくなります。弱い弓には細い弦を、強い弓には太い弦を使用するのが基準です。

第6章
弓具の基礎知識

弓を張る方法

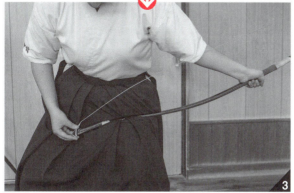

①まず末弭に弦輪をかけてから、左手で握りの下を右手で本弭側の端を持ち、壁の弓張り板に末弭をかけます。②右手で弦輪を持ち、左手に体重をかけて弓をしならせ、左太腿の上に弓を乗せます。③右手の持った弦輪を本弭にかけ、弓のしなりをゆっくりと戻します。

弓のメンテナンス

弓は常に万全の状態で行射ができるように、日頃のメンテナンスが重要です。弓がどんな状態なのかをチェックする意味でも、使用前と使用後には乾いた柔らかな布で拭きましょう。汚れをとることはもちろん、傷があるかどうかもチェックします。道場では、所定の保管場所に立てて置きます。そのまま床に置くのは厳禁です。竹製の弓は湿度や温度の変化で形が変わってしまうことがあるので、保管方法には注意が必要です。

弓 ③

出木弓を入木弓にする対処方法

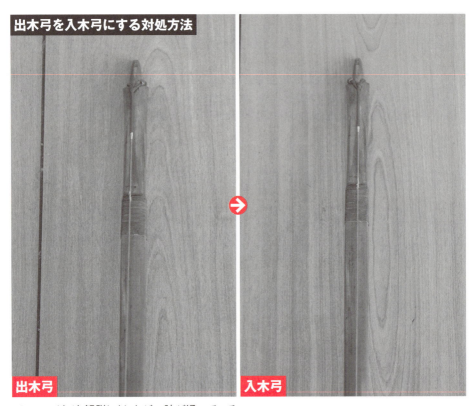

出木弓 → 入木弓

161ページでも解説しましたが、弦が通っている位置で、右側にある入木弓と、左側にある出木弓があります。右の図でもわかるように、出木弓は矢が右方向に飛びやすくなります。もし出木弓なら、入木弓にする簡単な方法があります。末弭にかけてある弦の上輪を一旦外し、180度捻って裏返しにして末弭にかけ直します。この方法で弦通りを右側にして入木弓にすることができます。

入木弓と出木弓の飛ぶ方向の違い

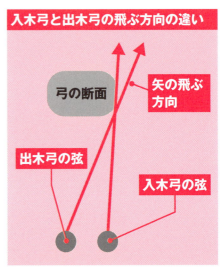

弓の断面／矢の飛ぶ方向／出木弓の弦／入木弓の弦

第6章 弓具の基礎知識

弦輪の作り方

一重結び

弦輪の作り方には、一重結びと二重結びのふた通りあります。一重結びは一度決まると、手を加えなくてもいいので、初心者向きといえます。
①小さな輪を作り、写真のように弦の先端を輪の外側から巻きつけるようにして輪の中に通します。②先端を弦の輪に沿って2回巻きつけます。

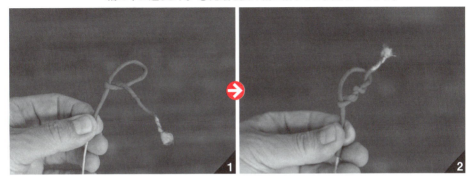

二重結び

二重結びは結び目が二重になるので一重結びよりも緩みが少ない結び方です。①上の一重結びと同じ要領で1回巻き付けて輪の中に弦の先端を通します。②同じ場所にもう1回巻きつけます。③弦の先端を輪の中に通します。④先端を弦の輪に沿って2回巻きつければできあがりです。

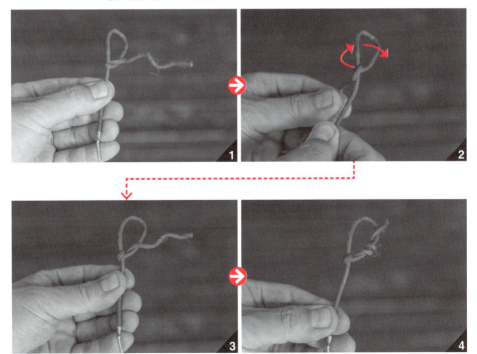

把の高さを維持する

　的中定規（写真）は、矢番えの位置を常に同じ場所にするために、きちんと位置を計るためのものです。弓と矢番えの位置までの間を把の高さ（内竹〜弦）といいますが、把の高さは約15cmとするのが基本。把の高さが一定でないと、矢飛びに大きく影響するので要注意です。弓と的中定規が直角になるように握りの上部に定規を当て、把の高さが約15cmになるように調整しよう。

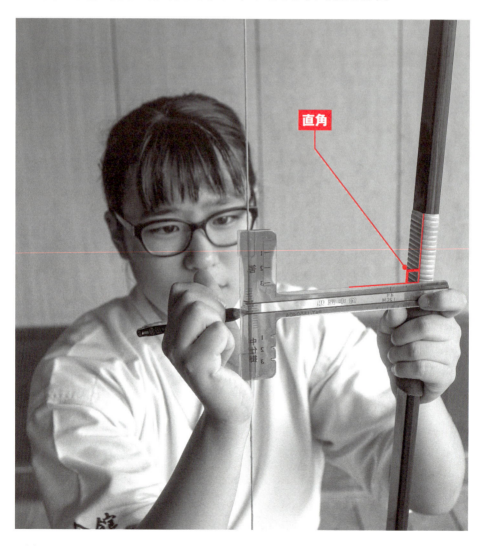

第6章
弓具の基礎知識

中仕掛けの作り方

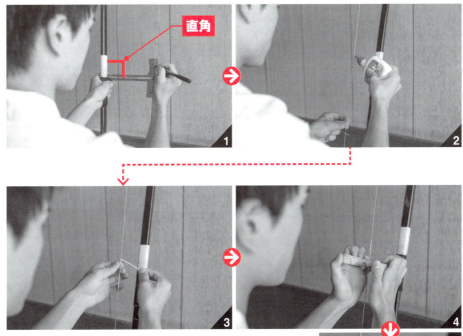

弦の矢の筈を番える部分は、自分の矢の筈の溝のサイズに合うように調整する必要があります。麻の繊維を巻き付けて太くする部分を中仕掛けといいます。

的中定規で把の高さを計ったら、そこから7〜12mm上が矢番えの位置になります。この位置は、弓の強さ、技量、手の内の働きなどによって変わるので、自分の最適な場所を探します。

①的中定規を使って矢番えの位置に印をつけます。②矢番えの位置の上1〜1.5cmから中仕掛けを作る範囲（10cm程度）に木工用ボンドを塗ります。③20〜25cmの麻の繊維を上から下に巻き付けます。④繊維のほつれを直す道宝という道具を使い、両側からこすり合わせます。⑤筈に合うか、ほつれがないか確認します。細い場合は②〜④を繰り返し行ないます。

矢①

　矢は昔から竹製のものが使われてきましたが、現在ではジュラルミンやカーボン製の矢が広く使われています。竹製のものは弓と同じで利点は多いですが気温や湿度により変形することもあるのでメンテナンスが難しく、また高価でもあるので上級者用だといえます。ジュラルミンやカーボン製の矢は、耐久性も高くメンテナンスも簡単。練習量の多い部活では、よく使用されます。

各部の名称

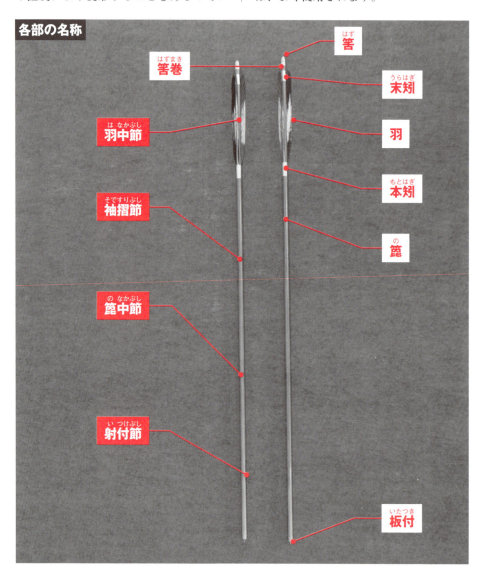

- 筈巻（はずまき）
- 筈（はず）
- 末矧（うらはぎ）
- 羽中節（はなかぶし）
- 羽（は）
- 袖摺節（そですりぶし）
- 本矧（もとはぎ）
- 箆（の）
- 箆中節（のなかぶし）
- 射付節（いつけぶし）
- 板付（いたつき）

第6章
弓具の基礎知識

矢の種類

遠的矢　近的矢

ジュラルミン　ジュラルミン　カーボン　竹

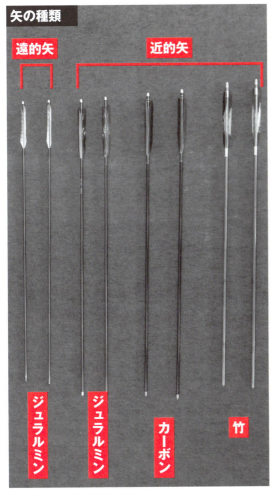

矢は、竹、カーボン、ジュラルミンなどの素材による違い、近的矢、遠的矢、巻藁矢などの目的による違いなどで、さまざまな種類があります。遠的矢は、細く軽く小ぶりの羽が特徴で、空気抵抗を少なくして遠くまで飛ぶ工夫がされています。巻藁矢は板付が丸く羽がないものもあります。

甲矢と乙矢

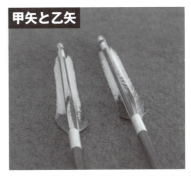

甲矢

走り羽（はしば）
弓摺羽（ゆずりば）
外掛羽（とがけば）

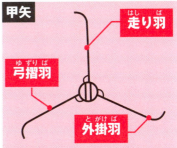

乙矢

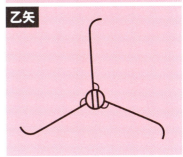

矢には甲矢（はや）と乙矢（おとや）の2種類があります。1本の矢を作るには半分に切った3枚の羽が必要です。1枚の羽を縦方向に真ん中で切り、左右2枚に分けます。これを3セット作り、左側の羽3枚で1本、右側の羽3枚で1本の矢を作ります。これが甲矢と乙矢です。この2本を「一手（ひとて）」といい、必ずセットで使用します。甲矢と乙矢は同じ羽で作られていますが、羽の付き方が逆なので、飛び方が異なります。

矢②

長さの決め方

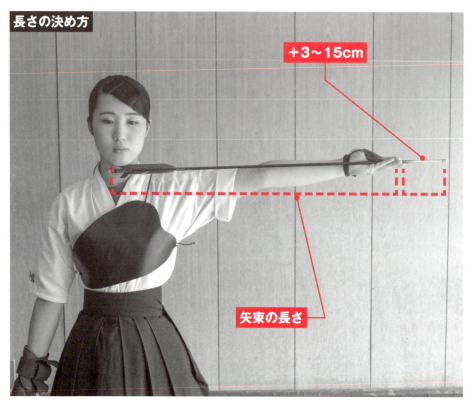

+3～15cm

矢束の長さ

矢の長さの決め方は、矢束の長さ＋プラスαで決まります。プラス分は、およそ3cmから15cmぐらいですが、初心者は安全性を考えて長め、プラス10～15cmがいいでしょう。
矢の長さは、弓の強弱でも違ってきます。弓の弱い人は、少し長めの矢を使用します。長いとスパイン（のばり）が弱くなり、弓の力とのバランスが合うからです。しかし、矢が重くなるので、長さと重さの丁度いいバランスを見つけることが必要です。
弓の強い人は、短めの矢を使用します。短いとスパインが強く、弓の力とのバランスが合うからです。短くし過ぎると引き込んで危ないので注意しましょう。
矢の太さも、弓の強さに応じて選びます。弱い弓には細い矢を、強い弓には太い矢を使用します。

矢の太さの選び方（推奨）

弓の強さ	矢の太さ
～10kg	1814
～13kg	1913/1914
14～16kg	2014
20kg～	2015～2114

第6章
弓具の基礎知識

矢のメンテナンス／曲がりをチェック

矢は、射るたびに弓や的、土などに接触するので、傷がついたり曲がりやすくなります。シャフト（筈＝の）、筈、羽、板付に異常がないかチェックしましょう。

シャフトの曲がりをチェックするには、矢を転がす方法があります（写真）。左手で1本の矢を斜め下に向けて持ち、チェックする矢の板付を手のひらで支えて左手で持った矢の上に交差させて置きます。そして向こう側に矢を転がしながらチェックします。矢が曲がっていると、ブレが大きくなります。

矢のメンテナンス／汚れを拭き取る

矢取りの際、的場から持ち帰った矢は、矢についた土や汚れをしっかりと拭き取りましょう。この時、筈、羽、板付に問題がないか確認することも忘れずに行ないます。

ゆがけ
弽 ①

　弽は、弓を引く際に右手にはめて、指を保護します（鹿革製）。弽の良し悪しは行射に大きく影響を及ぼします。特に弦をかける親指の帽子のフィット感が大切です。この帽子の向きと中指が平行になっているかが、よい弽かどうかの判断基準になります。帽子の向きが外を向いていると、よい離れができません。

　弽をつける時は、中に汚れ防止や汗を吸い取るための下掛けをつけます。下掛けは何枚も用意し、汗をかくなどしたらすぐに取り替え、弽の中を常に清潔な状態に保ちましょう。使用後は、風通しのいい日影に干しておきます。

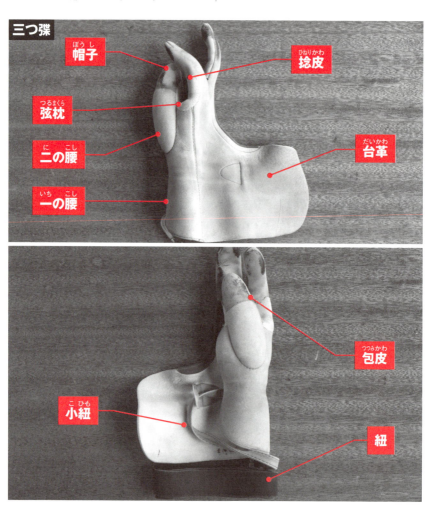

三つ弽
- 帽子（ぼうし）
- 捻皮（ひねりかわ）
- 弦枕（つるまくら）
- 二の腰（にのこし）
- 台革（だいかわ）
- 一の腰（いちのこし）
- 包皮（つつみかわ）
- 小紐（こひも）
- 紐

第6章
弓具の基礎知識

弽の種類

弽の種類には、帽子の堅いもの、柔らかいもの、3本の指用の三つ弽（みつがけ）、4本の指用の四つ弽（よつがけ）、5本の指用の諸弽（もろがけ）などがあります。三つ弽が、現在最も広く使われている形です。四つ弽は強い弓を引く場合に使われます。諸弽は、弓と一緒に太刀も扱えるようにした形です。初心者は親指が動かしやすい柔帽子（やわらかぼうし）を使用し、ある程度上達し強い弓を引くようになったら堅帽子（かたぼうし）を使用します。

四つ弽

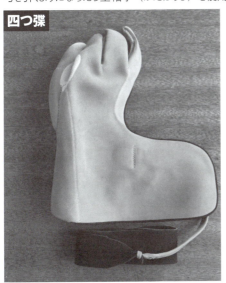

諸弽

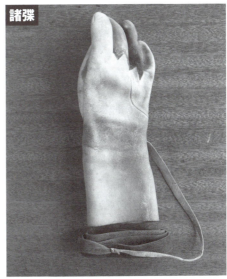

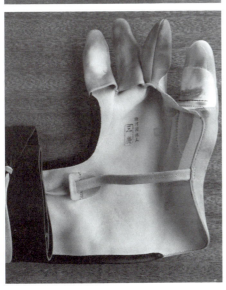

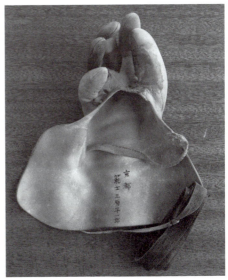

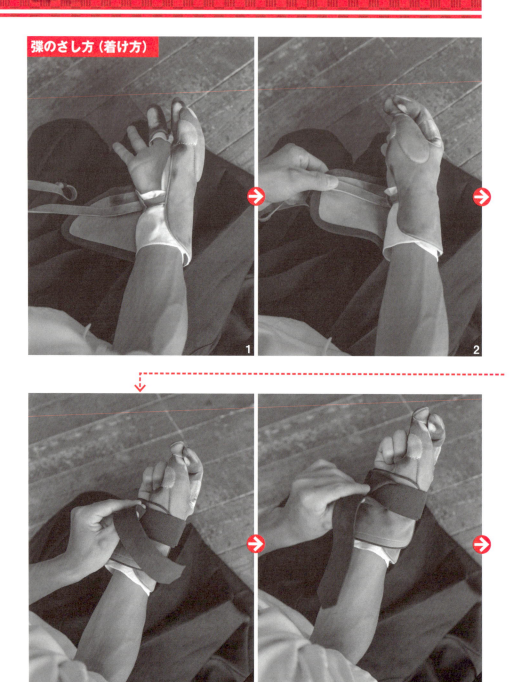

第6章
弓具の基礎知識

①弽をさす時は、正座、または跪坐をします。まず下掛けを着けてから、弽をさし、控えを引っ張って指を奥までしっかり入っているか確認します。②指で取懸けの形を作り、小紐を締めます。③小紐を巻きます。④台革を巻き付け、⑤小紐の上から紐を巻き付けます。⑥余った紐を、巻き付けた紐の上から下に通し、⑦⑧もう一度、巻いてある紐の上から通すと完成です。

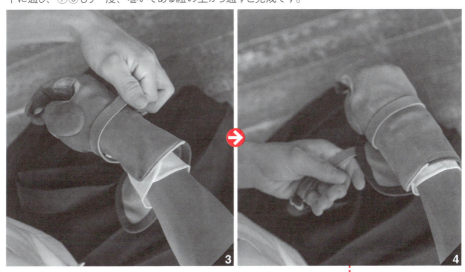

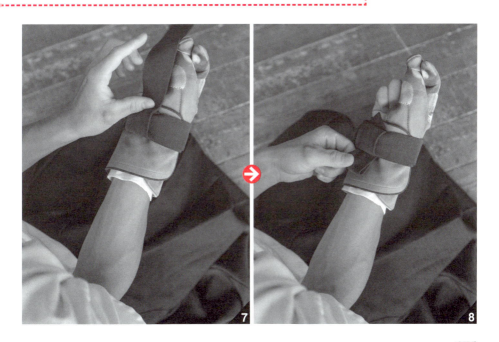

弽③

弽がフィットするように調整する

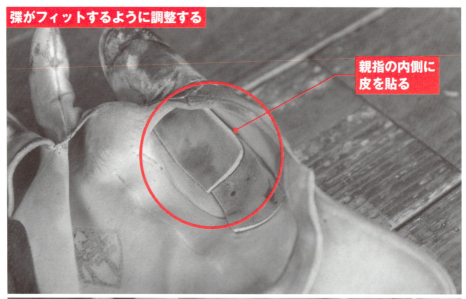

親指の内側に皮を貼る

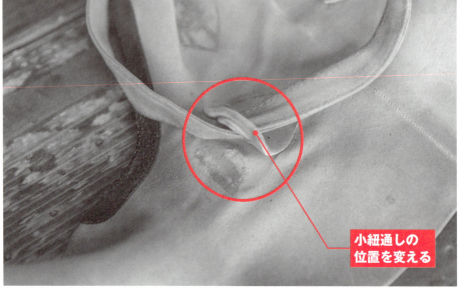

小紐通しの位置を変える

弽は、中で指先が動いてしまうと、必要以上に力が入ってしまいます。フィットしているほうが力みが少なくなり、的中につながります。指の長さは合っている人は多いですが、太さも指にぴったり合うように手を加えることが重要です。親指の空いているスペースに皮を当てて隙間がないように調整しましょう。また、小紐通しの位置が悪く手首が締まらない場合もあり、小紐通しの位置を変えることでピッタリと締まることができるようになります。

第6章
弓具の基礎知識

弓具の保管場所

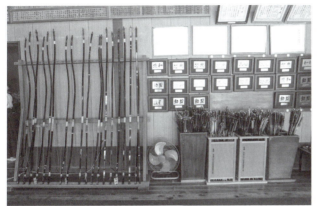

弓道場では、風通しのいい湿気の少ないところに弓置き場を作り、弓を縦にきれいに並べて置きましょう。弓はデリケートな道具なので、他人の弓には安易に触ってはいけません。自分の弓には記名するなどしてわかりやすくしておくことが必要です。

弓具の持ち運び

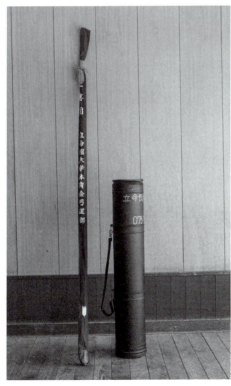

弓具を持ち運ぶ際は、弓具に傷がつくのを防ぐのと同時に、周りの人に迷惑がかからないようにケースなどに入れて持ち運びます。矢は矢筒に、弓は弓袋に入れます。鰈は湿気に弱いので、乾燥剤を入れたケースなどに入れて持ち運ぶといいでしょう。

交通機関やエスカレーターを利用する場合は、弓が天井に当たらないように注意しましょう。

こんなクラブは強くなる

　人の心に遠心力が働くと、クラブはバラバラになります。逆に求心力が働くと、ひとつの理想に向かって突き進みます。求心力の源泉が「魅力」であり、そのまた源泉が「すごい」（楽しい）と感じる心です。

　一方で、遠心力とは、理解せず、反省せず、本音を言わず、協力せず、先頭に立たず、他人を誉めず、自分からは損せず、集まらず、感謝しないことです。このような人の集まりでは、クラブは立ち行かなくなります。

　クラブで大切なことは、互いに教え合うこと。相手の身になって思い合い、考えてあげる、それが大事なのです。教えることは学ぶことでもあり、チームワーク作りの助けにもなります。稽古、クラブづくりには、このようなことに意識をもつことが大切です。

　練習（努力）なくして勝利はありません。しかし、無駄な練習（努力）は、してはいけません。自分にとって練習（努力）とは何かを考え（練習方法、弓道への取組方法、考え方など）、感性で受け止め（率直な気持ち）、有益な練習（努力）を行ないましょう。

　常識を3倍、5倍重ねても世界一にはなれません。非常識を重ねることで、世界一になれるのです（自分の頭で考える、自分の殻を割る、間口奥行きを広げる、創意工夫をする）。建設は破壊から生まれるように、手堅く無難な行ないからは何も生まれません。

　また、心に余裕をもつことも重要です。余裕がないと対処法だけになってしまい、新しいことにチャレンジできなくなります。

　このように、心に目標をもち続けると、勝てるクラブになるのです。

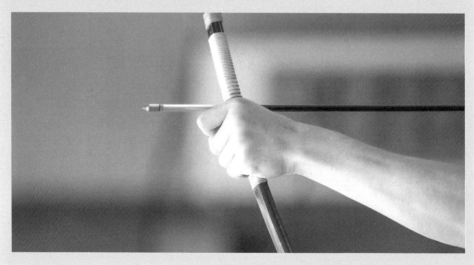

第7章
稽古と試合の心構え

試合結果より、いかに努力したかが重要

　弓道では、試合で結果を出すことだけを考えるのはやめてください。弓道は、結果以上に過程を重視します。

　過程とは、試合や審査に出るまでに、どのような稽古をしたのか、日常生活でどのような努力をしたのか、の蓄積作業のことです。試合の際に実力どおりの力を発揮できるかどうかは、この過程での稽古や努力の蓄積によるところが大きいのです。例えていうなら、引き出しの中に何も入っていなければ、いざという時に出すものは何もない、ということです。

　結果が出なくても腐らないでください。稽古したことは、確実に引き出しの中に入っています。しっかりと稽古を続けましょう。そうすることで、試合で実力が発揮できるようになるのです。

「心の安定」「射技の安定」「的中の安定」

　重要な概念としては、「心の安定」があり、「射技の安定」「的中の安定」につながる、という考え方があります。

　「心の安定」とは、日常生活そのものであり、学生・生徒の場合は、正しい生活習慣を身につけることや勉学をおろそかにしないこと、なども含まれます。

　例えば、大学生ともなれば、授業にきちんと出て予習復習を行ない定められた単位を修得する、大学の教官やクラスメイト・先輩後輩の人間関係を大切にすることは、基本的なことですがとても重要です。これらの取り組みで「心の安定」を確立させましょう。

　「心の安定」をはかった上で、指導者や弓道教本などから正しい教え、考え方を身につけ反復稽古をし、常に自分の射技の向上に関心をもち、慢心せず、努力を積み重ね色々な経験を積む。これらのことによってのみ、「射技の安定」、そして「的中の安定」につながるのです。

　試合で良い結果を出すためには、基礎基本を大切にし謙虚な気持ちで臨むことが、結果として早道になることを忘れないでください。

上達への近道は稽古に工夫を加えること

　実際の稽古では、その人の成長段階に合わせて、さまざまな取り組みが必要になります。

　例えば、指導者から教わること、弓道教本や指南書から知識として得ること、先輩、同輩、後輩間で教え合うこと、ライバルや相手校から学ぶことなど、いろいろな所から多くの刺激を受けて吸収し稽古に生かすことも、ひとつの方法です。

　目標とする人の射から学ぶには「見取り稽古」は欠かせず、自身の体に習慣として記憶させるためには「数稽古」も欠かせません。

　自分で定めた目標、あるいは指導者に設定してもらった目標に到達するためには、実践することが重要です。稽古に工夫を加えることで、少しでも早く上達に結びつけられるのです。

自ら考える癖をつける

　試合や審査では、自分以外に頼れるものはありません。弓道は、究極的には自分自身との戦いであり、自ら考えて臨まなくてはなりません。

　他者から学ぶことは絶対必要ですが、稽古や経験を重ねて自らも自立的に前向きに考える癖をつけることを心がけましょう。

　ここ一番の試合や審査では、自らがその局面の開拓者となり前へ進む気概をもつことが大切です。そのためには指導者を含む他者への過度の依存心はさけたいところです。

　高校や大学の部活動の場では、生徒や学生が運営の主体となれるよう最大限の配慮が、指導者には求められると考えられます。

試合をイメージして稽古する

　試合に臨むには、試合の大枠やイメージを理解して稽古に反映させることが重要です。稽古は稽古のスタイル、試合は試合で出たとこ勝負では、効果的な稽古とはいえません。

　試合会場への集合時刻、準備に要する時間、試合会場で稽古するおおよその時刻と時間帯、試合会場での喧騒、ライバル校の掛け声、チームメイトが昼食などをとる時間、試合開始前の澄まし、試合開始時刻、試合開始後の持ち時間や試合運び、行射のイメージなど、普段の稽古時に試合会場で起きうることをできる限り書き出し、参加する全員でイメージしておきましょう。

　そうすることで、突発的な出来事が起こるのを防ぎ、体のリズムが狂うことなく、精神的にも落ち着いて試合に臨むことができます。

行射ノートを利用する

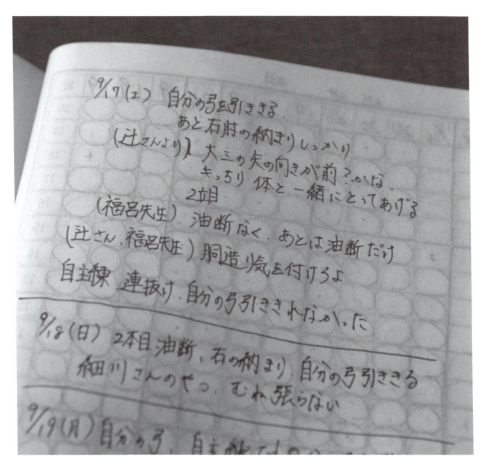

　日々の自分の的中や矢所を把握しておくことは、弓道の基本です。多くのクラブでは、各々の記録を武帳などに記録しますが、それだけでは不十分です。

　自分の的中や、可能であれば矢所などを、自分で用意した行射ノートに蓄積することで、自分の好不調の波や癖、改善すべき点などを確認することができます。

　自分の反省点や次に生かしたい点などが見つかれば、それを書き記します。そのことでクリアすべきポイントが明確になり、次にとるべき行動もクリアになります。その蓄積で弓道は上達するのです。

　日々の記録をとらずに次の行動をするということは、射法八節でいえば残心（身）のない射ともいえます。行射ノートをとる、残心（身）をきちんととる。弓道の上達には、どちらも欠かせないものとして覚えておきましょう。

ダイエットに注意

　高校や大学の、とりわけ女子の間において、体重に敏感になり過ぎ、ダイエットに励むということがよく見受けられます。短期間で体重を落とすことだけを目的に、行き過ぎた食事制限を行なうことは、ここで触れるまでもなく多くの専門家が指摘するところでもあり大変危険です。

　弓道は武道であり競技スポーツなので、弓道部の部員は弓道競技のアスリートでもあります。行き過ぎた食事制限によるダイエットは、筋肉の発達を妨げ、または筋肉量を著しく減少させ、骨にも影響を与えることが十分にあることを理解しておかなくてはなりません。

　筋肉や骨に影響を与えるとなると、弓を引く力はもちろん、体配を含めた美しい所作を行なうことが不可能になります。健康体でなくなり弓道のレベルアップも望めません。医師などによる診断で減量が必要であると指摘されない限り、過激な減量は絶対に避けましょう。仮に行なう場合でも、必要な栄養は摂取し、筋力トレーニングなどを併用し、チームの一員としての自覚をもち、行射に影響を与えないように、細心の注意を払って行なうべきです。

<試合前日に行うこと>

試合をシミュレーションする

　試合の前日には、試合で使用する道具類の準備はもちろんのこと、集団稽古を行なう場合、可能であれば、試合開始時刻に合わせて稽古してみるなどの工夫も必要です。

　試合で起こりうることを試合前日までにイメージして実践することが、最も重要な集団での稽古となります。稽古をきちんとすれば結果は出ることを胆に銘じましょう。

　また、試合の前日の夜に気持ちが高ぶって眠れなくなることは、多くの人が経験していること。大きな試合であればあるほど、精神が高揚するのは仕方のないことです。

　自分だけが眠れないのではなくライバルたちも同じなのだと思い、実際に眠れない場合でも無理に寝ようとせず、目だけは閉じて自然に任せるようにしましょう。その結果、満足に寝ることができなかったとしても、そのことで的中が落ちるということは、まずありません。

　試合当日、前の日の夜に眠れなかったことだけを考えてネガティブになり、普段していないことをすることのないように。眠れなくても結果は変わらない、朝起きた時の状態が自分にとってのベストコンディションなんだと言い聞かせ、その日その時に行なうことだけに集中しましょう。

<試合当日に行うこと①>

「あがり」と「緊張」を区別する

　試合時に感じる「あがり」と「緊張」は別のものとして区別する必要があります。「あがり」＝「緊張」ととらえてしまうとパニックになりかねません。

　あがりは、第4章「射癖の矯正」で詳しく述べたように、準備不足から起こる不安や、試合会場における普段とは違った現象に対する過敏な反応からくるストレスです。

　緊張は、事を成そうとする際に自然に沸きあがってくる真摯なものなので、きちんと受けとめ身を任せましょう。この期に及んでリラックスしようと努めることは、時間的にも生理的にも無駄なことであり、結果、事を成そうとする目的からは外れてしまうことになりかねません。絶対に中てたい一射、抜いてはいけない一射の時に、ボーっとしていたり、ふわーっとしていては、きちんと対処できません。

　緊張することは悪いことではなく、むしろ正しく緊張し、日ごろの成果を発揮すべく真剣に行射をすべきです。

　ここぞの一射というものは、難しいですが、丹田から発する気をもって離れる一射であるともいえ、そのためには最大限の正しい緊張を必要とします。そう、試合では緊張しないと中らないのです。

＜試合当日に行うこと②＞

試合における「あがり」の克服

　試合であがらないようにする基本は、日常の稽古をきちんとすることです。その上で、試合時に起こるさまざまなアクシデントについては、気にしないですべて受け流し、普段行なっているように、次の動作、次の所作だけに意識を集中しましょう。実際には少し気が散っても、7～8割程度の意識を集中させることができれば成功といえます。

　試合における「あがり」は、普段の稽古でしていないことを、無意識にたくさん行なうことから発生する場合が多いといえます。自分や仲間の中り抜けの結果のこと、相手チームの中り抜けのこと、自分の過去や未来のことなど多くのことを、試合中短い時間の中で想像し心配し過ぎると、本来の動作や所作の確認に割く時間が絶対的に足りなくなります。

　そして、頭の中では、あれもやらなければ、これもやらなければ、それも……、と思ってしまい、普段行なっていないことを次々とランダムに考えてしまうことになり、パニックになる＝あがる、という現象が発生します。その「あがり」の中で行射してしまうと、普段とは違い、十分に確認ができていない射になってしまうので、結果は厳しいものになることが予想されます。

　試合では緊張してもいいので、目の前の動作や所作に集中して引くことを心がけましょう。試合では、集中していて気がついたら勝っていたというように、試合の流れが記憶にないことがよくあります。雑多なことに目をくれず自分のことだけに集中した成果といえるでしょう。

<試合当日に行うこと③>

こまめにエネルギー・水分補給

　大学のリーグ戦では、試合そのものが男子の場合4時間を超える場合もあります。準備や付け矢を含めると5～6時間を超えることも珍しくありません。高校でも選手権大会などでは、試合と試合の間の時間も含めて長時間試合会場に拘束されることも多いでしょう。

　その際に気をつけておきたいことは、こまめなエネルギー（糖質）・水分補給です。エネルギーであればバナナやチョコレートなどです。エネルギー系のゼリー飲料は手軽に摂取でき、しかも吸収が早いのが特徴です。水分は市販の水やお茶、スポーツドリンクなどがいいでしょう。発汗量が多い時は水分とともに塩分の補給も忘れないでください。1日に何度も試合があるときなどは、筋肉の疲労を抑えるためにアミノ酸を摂取することもおすすめです。体力を失わずその時に備える習慣をつけておくことは必要です。

<試合当日に行うこと④>

試合での心得

　試合は普段の稽古の成果を発表する大切な舞台であるとともに、自分と仲間、相手がともに時間を共有し、真摯な営みを通じて互いに成長する貴重な機会でもあります。

　勝ち負けによらず、試合をともに行なえることに喜びを感じ、試合が始まる前、試合中、試合後も、常に他者の存在を大切に思い敬う気持ちが大切です。

　試合なので勝負は必ずつきますが、自身が試されるのはその時です。勝ち負けによらず、他者を敬い、動作や所作でそれを表すように心がけること、試合の結果にともなう喜怒哀楽を他者の前では極力見せないこと、どんなときでも爽やかに堂々とした姿勢でいること、など。礼節の武道である弓道を育てるのも自分自身であると知り、優雅で美しい動作や所作を心がけましょう。

弓道用語解説

<あ>

【足踏み・あしぶみ】射法八節のひとつで、正しい姿勢をとるための基礎となる下半身の作り方。的の中心の延長線上に両足の親指の先端がくるように足を開く。足を開く角度は60度が基本。

【垜・あずち／安土・あづち】弓道場にある土を盛って的を立てかけるところ。

【射付節・いつけぶし】竹製の矢にある節のひとつで、矢の板付（矢尻）から約10cmのあたりの部分。

【射詰・いづめ】競射の方法のひとつ。射手が一射ずつ弓を引き、外せば失格として、最後まで残った射手が優勝者とする方法。

【後ろ・うしろ】弓を引く場合、的に向かって左側のこと。

【内竹・うちたけ】弓を構えたときに手前になる面のこと。弦側の面。

【裏反り・うらぞり】弓の弦を外したときに、弓が反対側に反ること。

【末弭・うらはず】弓の上端にある弦輪をかけるところ。

【上押し・うわおし】形の上での上押しではなく、離れの瞬間に作用する手の内の重要な働きのこと。

【遠近競射・えんきんきょうしゃ】競射の方法のひとつ。複数の射手がひとつの的で順番に射を行ない、的の中心に近いほど順位が高くなる方法。

【遠的・えんてき】的までの距離が28mの近的に対し、遠的は約60m。直径1mの大きな大的を使用する。

【押手・おしで】弓を持つ左手のこと。弓手。右手のことは、弓手に対して馬手というが、押手に対しては勝手という。

【乙腰節・おとこしぶし】弓を持つ「握」の部分と本弭の中間あたりの部分。

【乙矢・おとや）】矢を射る場合に二番目に射る矢のこと。

<か>

【会・かい】射法八節の6番目、弓を引いた状態の最終段階のこと。

【皆中・かいちゅう】射られた矢が、すべて的に中ること。

【懸る・かかる】重心が左足に乗り上体が的方向に傾くこと。

【懸けほどき・かけほどき】離れを出しやすくするため、伸合いのときに馬手の親指の上で中指を移動させ、指先に力を入れないようにするための方法。

【霞的・かすみまと】的の一種で白と黒の丸が交互に三重になったもの。中心は白。

【堅帽子・かたぼうし】弽（ゆがけ）の種類。親指の先端の帽子と呼ばれる部分を補強して堅くしたもの。

【勝手・かって】弦を引く右手のこと。妻手。勝手は押出（おしで）と対になって使う。

【跪坐・きざ】正座の姿勢からつま先を立て、踵の上に腰を下ろした状態

【弓弭・きゅうは】弓と弦の間の距離のこと。

【行射・ぎょうしゃ】矢を射ること。

【近的・きんてき】射位から28mの距離に直径36cmの的を置いて射を行なうこと。

【五胴・ごどう】胴造りにおける五つの形。上体が後方に反る「反る胴」、上体が前にかがむ「屈む胴」、身体が的のほうに傾く「懸（かか）る胴」、身体が右に傾く「退（の）く胴」、中正な姿勢で身体の重心の最も安定した「中胴」の五つ。

<さ>

【坐射・ざしゃ】射位で一度跪坐し、矢番えしてから立ち、射を行なうこと。
【三重十文字・さんじゅうじゅうもんじ】肩の線、腰の線、足踏みの線が平行で重心線と直角に交わる姿勢。
【残心／残身・ざんしん】射法八節の最後の段階。離れの後の姿勢。
【三分の二・さんぶんのに】斜面打起し（日置流印西派の場合）で、矢尺の三分の二まで引き分けること。
【下掛け・したがけ】汗や油脂が弽（ゆがけ）に付かないように、弽の下につける木綿の手袋。
【射位・しゃい】実際に矢を射る位置。
【射癖・しゃへき】弓を引くときに見られる射手の癖。
【射法八節・しゃほうはっせつ】矢を射る際の方法を「足踏み」「胴造り」「弓構え」「打起し」「引分け」「会」「離れ」「残心（身）」の八項目に分けて解説したもの。
【斜面打起し・しゃめんうちおこし】弓を引き分ける際に、弓矢を持った両腕を左斜め上方に持ち上げる方法。
【上座・じょうざ】弓道場で神棚のある方向のこと。
【正面打起し・しょうめんうちおこし】弓を引き分ける際に、弓矢を持った両腕を正面に持ち上げる方法。
【素引き・すびき】矢を番えずに弓を引くこと。

<た>

【大三・だいさん】引分けで矢束の三分の一程度引いた状態。押大目引三分一（おしだいもくひけさんぶいち）の略称。
【体配・たいはい】弓道における動作の作法のこと。
【角見・つのみ】矢をまっすぐ飛ばすための弓手（左手）の力の使い方。
【詰合い・つめあい】三重十文字が完成され、左右の張り、角見、右肘の張り合い、胸を開く動作ができている状態。
【弦調べ・筈調べ・つるしらべ・のしらべ】物見を的に向ける時に、弦と矢を確認するための目の動き。
【弦巻・つるまき】替え弦を入れておくための道具。
【弦枕・つるまくら】弽（ゆがけ）の弦をかけるところ。
【弦道・つるみち】弽（ゆがけ）の妻手親指の内側の付け根付近にある溝。弦がかかるところ。
【弦輪・つるわ】弦を弓にかけるために作る輪のこと。
【手の内・てのうち】左手（弓手）で弓を握る方法。

弓道用語解説

【照る・てる】弓の本弭（もとはず）が末弭（うらはず）より前に出ること。

【天紋筋・てんもんすじ】掌の筋のひとつで、小指の根本近くから人差し指の方に向かう線。

【胴造り・どうづくり】射方八節のふたつ目の動作で、足踏みで整った下半身に上半身の姿勢を整えた、身体全体の正しい姿勢。

【外竹・とだけ】弓を構えた時に的に向かう弓の面のこと。外側の面。

【取懸け・とりかけ】弓構えのなかの動作で、右手（妻手）で弦を持ち矢を押さえること。

【執弓・とりゆみ】弓と矢を持った手を腰に置いた姿勢。

<な>

【中仕掛け・なかじかけ】弦の矢を番える場所に麻を巻きつけて補強したところ。

【並弓・なみゆみ】弓の長さが221cm（7尺3寸）のもの。

【握・にぎり】弓を弓手（左手）で持つ部分のこと。

【篦・の】竹矢の矢の部分。カーボン、ジュラルミン製の矢はシャフトという。

【篦押し・のおし】矢がたわむこと。篦撓い（のじない）ともいう。

【退き・のき】重心が右足に乗り上体が的とは反対方向に傾くこと。

【伸合い・のびあい】会において弓を引くという意識ではなく、関節を伸ばし気力を充実させること。

【伸弓・のびゆみ】弓の長さが227cm（7尺5寸）以上のもの（3cm刻みで各種あり）。

<は>

【筈・はず】矢の一番後ろの部分。弦に番えるところ。

【離れ・はなれ】射法八節の七番目の動作。矢を放つ瞬間のこと。

【甲矢・はや】矢を射る場合に最初に射る矢のこと。

【早気・はやけ】本来離すべきポイントよりも前に離してしまう射癖。

【控え・ひかえ】弽（ゆがけ）の手首内側のやや下辺りに当たる部分。

【引分け・ひきわけ】射法八節の5番目の動作。打起した弓を弓手（左手）と妻手（右手）で引き分けること。

【一手・ひとて】2本で1セットの甲矢と乙矢のこと。「一手のさばき」は甲矢と乙矢を射る動作。

【伏す・ふす】弓の末弭（うらはず）が本弭（もとはず）より前に出ること。

【ベタ押し・べたおし】手の内のひとつで、拇指球（親指の付け根）で弓を押す方法。

【帽子・ぼうし】弽（ゆがけ）の親指が入る部分のこと。

【頬付け・ほおづけ】会で矢が頬につくこと。

【星的・ほしまと】白地の的で中心に黒丸があるもの。黒丸の大きさは直径36cmの的で12cm。

【本座・ほんざ】射位に進む前の控えの場所。

<ま>

【前・まえ】弓を引く場合、的に向かって右側のこと。

【前離れ・まえばなれ】矢の延長線より前方向に妻手を離すこと。

【巻藁・まきわら】藁を束ねたもの。練習用に使う的。

【的場・まとば】的を立てる堋（あずち）（安土・あづち）のある場所。

【水流れ・みずながれ】矢先に向かって水が流れ落ちるように矢を傾けること。

【胸弦・むなづる】弦が胸につくこと。会を安定させるための動作。

【妻手（馬手）・めて】弦を引く腕のこと。右手。

【妻手の切り下げ・めてのきりさげ】離れで、矢筋に妻手を動かさないで、下げながら離すこと。

【馬手離れ・めてばなれ】弓手ではなく、馬手のみを使って離すこと。

【本弭・もとはず】弓のいちばん下の部分の名称。

【物見・ものみ】顔を的方向に向けること。

【物見を逃がす・ものみをにがす】顔の向きが的方向から外れること。

<や>

【矢数をかける・やかずをかける】多くの矢を射ること。

【矢口が開く・やぐちがひらく】弓と矢が接している部分が離れること。

【矢こぼれ・やこぼれ】矢が弓手（右手）の親指から落ちること。

【矢筋・やすじ】会における伸合いの方向。矢の左右の延長線。

【矢尺・やじゃく】矢の長さ。

【矢束・やづか】実際に引き込む矢の長さで射手により異なる。一束は握りこぶしひとつ分（親指を除く四本の指の幅）。

【矢所・やどころ】矢が飛んだ場所。

【矢取り・やとり】的場に矢を取りに行くこと。

【柔帽子・やわらかぼうし】弽（ゆがけ）の種類で、親指を入れる帽子が柔らかく動かしやすくなっているもの。初級者用。

【揖・ゆう】礼の形。上体を約10cm屈する。

【弓返り・ゆがえり】離れのあと、握を中心に弓が回り、弦が反対側に位置すること。

【弽・ゆがけ】弓を引くときに右手に付ける鹿革製の手袋。

【弓構え・ゆがまえ】射法八節の3番目の動作。打越しの準備段階で、取懸けをし、手の内を整えたあと構えること。

【弓倒し・ゆだおし】弓を身体の正面に戻す動作。

【緩み・ゆるみ】妻手が戻りながら離すこと。

【弓手・ゆんで】弓を持つ腕のこと。左手。

【弓手の切り下げ・ゆんでのきりさげ】離れで、矢筋に弓手を動かさないで、下げながら離すこと。

<ら>

【立射・りっしゃ】立ったまま行射すること。座射の対になる言葉。

おわりに

　立命館大学、立命館大学体育会弓道部では、文武両道を掲げています。

　文武両道とは、勉強もできてクラブも強いことではなく、学校では知識を得て、クラブ、弓道を通して生きる知恵を学ぶということです。

　弓道は難しいかもしれませんが、難しいことをやさしく理解しよう、やさしいことを深く理解しよう、深く理解したことを楽しく弓に引き出そう、と思うことが大切です。

　また、射形の上手な（美しい）人のコピーをして形を真似ることは悪いことではありません。そこに「ち」を入れればいいのです。「ち」とは「知」「智」「血」などのことです。弓の本を読むなどして弓を知り知恵を育み、自分の信念・自信・確信をもつことで自分のものにすることができます。

　このようなことを意識すると、弓を学ぶことは、あなたの自己形成にきっとプラスになるに違いありません。

　最後に、共同監修にご尽力いただいた加瀬さん、玄人はだしの知識をもち日夜編集作業に没頭いただいた辻野さん、杉山さん、無理な要求にも応えてくれたカメラマンの甲斐さん、編集協力の桑野さん、全日本の練習のさなか写真撮影に応じてくれた現役部員と吉田夫妻に心から感謝いたします。ありがとうございました。

福呂 淳

撮影／取材協力・モデル　立命館大学体育会弓道部

モデル

吉田 志（よしだ のぞむ）

錬士五段。鹿児島県出身。立命館大学体育会弓道部第八十代主将。在学中の成績は、全国大学弓道選抜大会優勝1回、準優勝1回。全日本学生弓道王座決定戦優勝1回、3位3回、優秀選手1回など。2014年第2回世界弓道大会団体の部優勝。

吉田真紀子（よしだ まきこ）

五段。愛知県出身。豊橋商業高校、至学館大学（旧中京女子大学）弓道部主将を務める。主な成績は、全日本学生弓道選手権大会個人2位、全国弓道大会優勝2回、国民体育大会近的優勝2回・遠的優勝1回、全日本弓道女子大会優勝2回など。

監修

福呂淳（ふくろ きよし）

教士六段。立命館大学体育会弓道部監督。1949年生まれ、京都市出身。京都市立堀川高校で弓道を始め、京都産業大学体育会弓道部に入部。学生時代は京都選手権、関西選手権大会団体優勝などの戦績をおさめる。卒業後、三十三間堂全国大会三段以下の部で個人優勝。京都産業大学体育会弓道部監督を経て、2006年より立命館大学体育会弓道部監督。以後、男子団体で全国優勝8回、関西優勝18回、女子団体で全国優勝5回、関西優勝7回の実績をおさめる。2010年の全日本学生弓道王座決定戦（男子）において、当時日本タイとなる150中を記録した（現在の日本記録は2017年の同大会、法政大学の151中）。

共同監修

加瀬洋光（かせ ひろみつ）

五段。元法政大学体育会弓道部監督。1961年生まれ、千葉県成田市出身。千葉県私立成田高校で弓道を始め、法政大学進学後、体育会弓道部に入部。在学中の主な成績は全日本学生弓道王座決定戦2年連続優勝、全日本学生弓道王座決定戦優秀選手など。2005年から2011年まで法政大学体育会弓道部の第3代監督を務め7回の日本一に導く。2007年に弊社より「確実に上達する弓道」を出版。筑波大学大学院人間総合科学研究科博士前期課程修了、コーチング学専攻。現在、株式会社モティマ代表取締役。

編集協力
桑野雄彦（くわの かつひこ）

四段。1963年生まれ。立命館大学体育会弓道部第56代副将。1988年学校法人立命館に入職。以後事務職員として勤務する傍ら課外活動顧問として体育会弓道部コーチ・副部長を歴任。
kuwano@st.ritsumei.ac.jp

STAFF

編集	辻野 聡（クロスフィールド）
題字	新山眞扇（株式会社東北書道会）
写真	甲斐啓二郎
本文デザイン	上筋英彌・木寅美香（アップライン株式会社）
カバーデザイン	柿沼みさと

パーフェクトレッスンブック
弓道 基本と上達法

監　修	福呂 淳
共同監修	加瀬洋光
発行者	岩野裕一
発行所	株式会社実業之日本社
	〒107-0062　東京都港区南青山6-6-22 emergence 2
	[編集部] 03-6809-0452　[販売マーケティング本部] 03-6809-0495
	実業之日本社ホームページ　https://www.j-n.co.jp/

印刷・製本　　大日本印刷株式会社

ⓒKiyoshi Fukuro, Hiromitsu Kase 2017 Printed in Japan
ISBN978-4-408-45606-5（第一スポーツ）

落丁・乱丁はお取り替えいたします。

本書の一部あるいは全部を無断で複写・複製（コピー、スキャン、デジタル化等）・転載することは、法律で定められた場合を除き、禁じられています。また、購入者以外の第三者による本書のいかなる電子複製も一切認められておりません。落丁・乱丁（ページ順序の間違いや抜け落ち）の場合は、ご面倒でも購入された書店名を明記して、小社販売部あてにお送りください。送料小社負担でお取り替えいたします。ただし、古書店等で購入したものについてはお取り替えできません。定価はカバーに表示してあります。小社のプライバシー・ポリシー（個人情報の取り扱い）は上記ホームページをご覧ください。